VIDA PARA CONSUMO

Obras de Zygmunt Bauman:

- 44 cartas do mundo líquido moderno
- Amor líquido
- Aprendendo a pensar com a sociologia
- A arte da vida
- Babel
- Bauman sobre Bauman
- Capitalismo parasitário
- Cegueira moral
- Comunidade
- Confiança e medo na cidade
- A cultura no mundo líquido moderno
- Danos colaterais
- O elogio da literatura
- Em busca da política
- Ensaios sobre o conceito de cultura
- Esboços de uma teoria da cultura
- Estado de crise
- Estranho familiar
- Estranhos à nossa porta
- A ética é possível num mundo de consumidores?
- Europa
- Globalização: as consequências humanas
- Identidade
- A individualidade numa época de incertezas
- Isto não é um diário
- Legisladores e intérpretes
- Mal líquido
- O mal-estar da pós-modernidade
- Medo líquido
- Modernidade e ambivalência
- Modernidade e Holocausto
- Modernidade líquida
- Nascidos em tempos líquidos
- Para que serve a sociologia?
- O retorno do pêndulo
- Retrotopia
- A riqueza de poucos beneficia todos nós?
- Sobre educação e juventude
- A sociedade individualizada
- Tempos líquidos
- Vida a crédito
- Vida em fragmentos
- Vida líquida
- Vida para consumo
- Vidas desperdiçadas
- Vigilância líquida

Zygmunt Bauman

VIDA PARA CONSUMO

A transformação das pessoas em mercadoria

Tradução:
Carlos Alberto Medeiros

1ª reimpressão

Para Ann Bone, editora suprema

Copyright © 2007 by Zygmunt Bauman

Tradução autorizada da primeira edição inglesa, publicada em 2007
por Polity Press, de Cambridge, Inglaterra

*Grafia atualizada segundo o Acordo Ortográfico da Língua Portuguesa de 1990,
que entrou em vigor no Brasil em 2009.*

Título original
Consuming Life

Capa
Sérgio Campante

Ilustração da capa
© Stefano Amantini/Corbis/LatinStock

Dados Internacionais de Catalogação na Publicação (CIP)
(Câmara Brasileira do Livro, SP, Brasil)

Bauman, Zygmunt, 1925-2017
 Vida para consumo : A transformação das pessoas em
mercadoria / Zygmunt Bauman ; tradução Carlos Alberto
Medeiros. – 1ª ed. – Rio de Janeiro: Zahar, 2022.

 Título original: Consuming Life.
 ISBN 978-65-5979-064-7

 1. Consumo (Economia) – Aspectos sociais I. Título.

22-103812   CDD:339.47

Índice para catálogo sistemático:
1. Consumo e cultura : Economia   339.47

Eliete Marques da Silva – Bibliotecária – CRB-8/9380

Todos os direitos desta edição reservados à
EDITORA SCHWARCZ S.A.
Praça Floriano, 19, sala 3001 – Cinelândia
20031-050 – Rio de Janeiro – RJ
Telefone: (21) 3993-7510
www.companhiadasletras.com.br
www.blogdacompanhia.com.br
facebook.com/editorazahar
instagram.com/editorazahar
twitter.com/editorazahar

· Sumário ·

Introdução:
O segredo mais bem guardado   7
da sociedade de consumidores

1. Consumismo *versus* consumo   37

2. Sociedade de consumidores   70

3. Cultura consumista   107

4. Baixas colaterais do consumismo   149

Notas   191
Índice remissivo   197

· Introdução ·

O segredo mais bem guardado da sociedade de consumidores

> Talvez não exista pior privação, pior carência, que a dos perdedores na luta simbólica por reconhecimento, por acesso a uma existência socialmente reconhecida, em suma, por humanidade.
>
> Pierre Bourdieu, *Meditações pascalianas*

Consideremos três casos, escolhidos de maneira aleatória, dos hábitos altamente mutáveis de nossa sociedade cada vez mais "plugada", ou, para ser mais preciso, *sem fio*.

Caso 1. Em 2 de março de 2006, o *Guardian* anunciou que "nos 12 últimos meses as 'redes sociais' deixaram de ser o próximo grande sucesso para se transformarem no sucesso do momento".[1] As visitas ao site MySpace, que um ano antes era o líder incontestes do novo veículo das "redes sociais", multiplicaram-se por seis, enquanto o site rival Spaces.MSN teve 11 vezes mais acessos do que no ano anterior, e as visitas ao Bebo.com foram multiplicadas por 61.

Um crescimento de fato impressionante – ainda que o surpreendente sucesso do Bebo, recém-chegado à internet na época da reportagem, possa se revelar fogo de palha: como adverte um especialista nos modismos da internet, "pelo menos 40% dos dez mais acessados este ano não serão nada daqui a um ano". "Lançar um novo site de rede social", explica ele, é "como abrir o mais novo bar em uma área nobre" (só por ser *o* mais novo, uma casa brilhando de tão nova ou recém-reformada e reaberta, esse bar atrairia uma multidão "até que murchasse, o que aconteceria com tanta certeza quanto a chegada da ressaca no dia seguinte", passando seus poderes magnéticos ao "próximo mais novo" na eterna corrida para ser "o *point* mais quente", o último "assunto do momento", o lugar onde "todo mundo que é alguém precisa ser visto").

Uma vez que finquem seus pés numa escola ou numa comunidade, seja ela física ou eletrônica, os sites de "rede social" se espalham à velocidade de uma "infecção virulenta ao extremo". Com muita rapidez, deixaram de ser apenas uma opção entre muitas para se tornarem o endereço *default* de um número crescente de jovens, homens e mulheres. Obviamente, os inventores e promotores das redes eletrônicas tocaram uma corda sensível – ou num nervo exposto e tenso que há muito esperava o tipo certo de estímulo. Eles podem ter motivos para se vangloriar de terem satisfeito uma necessidade real, generalizada e urgente. E qual seria ela? "No cerne das redes sociais está o intercâmbio de informações pessoais." Os usuários ficam felizes por "revelarem detalhes íntimos de suas vidas pessoais", "fornecerem informações precisas" e "compartilharem fotografias". Estima-se que 61% dos adolescentes britânicos com idades entre 13 e 17 anos "têm um perfil pessoal num site de rede" que possibilite "relacionar-se on-line".[2]

Na Grã-Bretanha, lugar em que o uso popular de recursos eletrônicos de ponta está ciberanos atrás do Extremo Oriente, os usuários ainda podem acreditar que as "redes sociais" expressam sua liberdade de escolha, e mesmo que constituam uma forma de rebeldia e autoafirmação juvenil (suposição tornada ainda mais verossímil pelos sinais de pânico que o ardor sem precedentes, induzido pela web e a ela dirigido, desencadeia a cada dia entre seus pais e professores, e pelas reações nervosas dos diretores que interditam o acesso ao Bebo e similares a partir dos computadores de suas escolas). Mas na Coreia do Sul, por exemplo, onde grande porção da vida social já é, como parte da rotina, mediada eletronicamente (ou melhor, onde a vida *social* já se transformou em vida *eletrônica* ou *ciber*vida, e a maior parte dela se passa na companhia de um computador, um iPod ou um celular, e apenas secundariamente ao lado de seres de carne e osso), é óbvio para os jovens que eles não têm sequer uma pitada de escolha. Onde eles vivem, levar a vida social eletronicamente mediada não é mais uma opção, mas uma necessidade do tipo "pegar ou largar". A "morte social" está à espreita dos poucos que ainda não se integraram ao Cyworld, líder sul-coreano no cibermercado da "cultura mostre e diga".

Seria um erro grave, contudo, supor que o impulso que leva à exibição pública do "eu interior" e a disposição de satisfazer esse impulso sejam manifestações de um vício/anseio singular, puramente geracional e relacionado aos adolescentes, por natureza ávidos, como tendem a ser, para colocar um pé na "rede" (termo que está rapidamente substituindo "sociedade", tanto no discurso das ciências sociais quanto na linguagem popular) e lá permanecer, embora sem muita certeza quanto à melhor maneira de atingir tal objetivo. O novo pendor pela confissão pública não pode ser explicado por fatores "específicos da idade" – não só por eles. Eugène Enriquez resumiu a mensagem que se pode extrair das crescentes evidências coletadas em todos os setores do mundo líquido-moderno dos consumidores:

> Desde que não se esqueça de que o que antes era invisível – a parcela de intimidade, a vida interior de cada pessoa – agora deve ser exposto no palco público (principalmente nas telas de TV, mas também na ribalta literária), vai-se compreender que aqueles que zelam por sua invisibilidade tendem a ser rejeitados, colocados de lado ou considerados suspeitos de um crime. A nudez física, social e psíquica está na ordem do dia.[3]

Os adolescentes equipados com confessionários eletrônicos portáteis são apenas aprendizes treinando e treinados na arte de viver numa sociedade confessional – uma sociedade notória por eliminar a fronteira que antes separava o privado e o público, por transformar o ato de expor publicamente o privado numa virtude e num dever públicos, e por afastar da comunicação pública qualquer coisa que resista a ser reduzida a confidências privadas, assim como aqueles que se recusam a confidenciá-las. Como Jim Gamble, diretor de uma agência de monitoramento de rede, admitiu ao *Guardian*, "ela representa tudo aquilo que se vê no playground – a única diferença é que nesse playground não há professores, policiais ou moderadores que ficam de olho no que se passa".

Caso 2. No mesmo dia, embora numa página bem diferente e sem conexão temática, organizada por outro editor, o *Guardian* informava ao leitor que "sistemas informáticos estão sendo usados para rejeitá-lo de maneira mais eficaz, dependendo de seu valor para a companhia para a qual você está ligando".[4] Ou seja, tais sistemas possibilitam que sejam armazenados os registros dos clientes, classificando-os a partir de "1", os clientes de primeira classe que devem ser atendidos no exato momento da ligação e prontamente remetidos a um agente sênior, até "3" (os que "vivem no charco", como foram classificados no jargão da empresa), a serem colocados no final da fila – e, quando afinal são atendidos, conectados a um agente de baixo escalão.

Assim como no Caso 1, dificilmente seria possível culpar a tecnologia pela nova prática. O novo e refinado software veio para ajudar os administradores que *já* tinham a imensa necessidade de classificar o crescente exército de clientes ao telefone para que fosse possível executar as práticas divisórias e exclusivistas que *já* estavam em operação, mas que até o momento eram realizadas com a ajuda de ferramentas primitivas – produtos do tipo "faça-você-mesmo", feitos em casa ou por uma indústria doméstica, que exigiam mais tempo e eram, é evidente, menos eficazes. Como assinalou o porta-voz de uma das companhias fornecedoras desses sistemas, "a tecnologia só faz pegar os processos em operação e torná-los mais eficientes" – o que significa de maneira instantânea e automática, poupando os empregados da incômoda tarefa de coletar informações, estudar registros, fazer avaliações e tomar decisões distintas a cada chamada, assim como a responsabilidade pelas consequências decorrentes. O que, na ausência do equipamento técnico adequado, eles teriam de avaliar forçando o próprio cérebro e gastando grande parte do precioso tempo da companhia é a rentabilidade potencial do cliente para a empresa: o volume de dinheiro ou crédito à disposição do cliente e sua disponibilidade de se desfazer desse capital. "As empresas precisam identificar os clientes menos valiosos", explica outro executivo. Em outras palavras, elas necessitam de uma espécie de "vigilância negativa", ao estilo do Big Brother de Orwell ou do tipo panóptico, uma geringonça semelhante a uma peneira que basicamente executa a tarefa de *desviar* os indesejáveis e manter na linha os clientes habituais – reapresentada como o efeito final de uma limpeza bem-feita. Elas precisam de uma forma para alimentar o banco de dados com o tipo de informação capaz, acima de tudo, de rejeitar os "consumidores falhos" – essas ervas daninhas do jardim do consumo, pessoas sem dinheiro, cartões de crédito e/ou entusiasmo por compras, e imunes aos afagos do marketing. Assim, como resultado da seleção negativa, só jogadores ávidos e ricos teriam a permissão de permanecer no jogo do consumo.

Caso 3. Poucos dias depois, outro editor, em outra página, informava aos leitores que Charles Clarke, ministro britânico do Interior, havia anunciado um novo sistema de imigração, "baseado em pontuações", destinado a "atrair os melhores e mais inteligentes"[5] e, é claro, repelir e manter afastados todos os demais, ainda que essa parte da declaração de Clarke fosse difícil de detectar na versão apresentada no comunicado à imprensa – totalmente omitida ou relegada às letras miúdas. A quem deve atrair o novo sistema? Aqueles com mais dinheiro para investir e mais habilidades para ganhá-lo. "Isso vai nos permitir assegurar", disse o ministro do Interior, que "só venham para o Reino Unido as pessoas dotadas das habilidades de que o país necessita, evitando, ao mesmo tempo, que os destituídos dessas habilidades se candidatem." E como vai funcionar esse sistema? Por exemplo: Kay, uma jovem da Nova Zelândia, com diploma de mestrado, mas com um emprego humilde e muito mal pago, não conseguiu atingir os 75 pontos que a habilitariam a requerer a imigração. Precisaria, em primeiro lugar, obter uma oferta de emprego de uma empresa britânica, o que então seria registrado em seu favor, como prova de que suas habilidades são do tipo "que o país necessita".

Charles Clarke não é o primeiro a aplicar à seleção de seres humanos a regra do mercado de escolher o melhor produto da prateleira. Como assinalou Nicolas Sarkozy, ex-ministro do Interior e atual presidente francês, "a imigração seletiva é praticada por quase todas as democracias do mundo". E ele prosseguiu exigindo que "a França seja capaz de escolher seus imigrantes segundo nossas necessidades".[6]

Três casos apresentados em três diferentes seções do jornal e supostamente pertencentes a domínios da vida muito distintos, cada qual governado por seu próprio conjunto de regras, supervisionado e administrado por agências mutuamente independentes. Casos que parecem tão dessemelhantes, que dizem respeito a pessoas com origens, idades e interesses amplamente diversos, confrontadas com desafios bastante variados e lutando para resolver problemas muito diferentes. Pode-se indagar: haveria alguma razão para colocá-las lado a lado e considerá-las como espécimes de uma mesma categoria? A resposta é sim, há uma razão, e muito poderosa, para conectá-las.

Os colegiais de ambos os sexos que expõem suas qualidades com avidez e entusiasmo na esperança de atrair a atenção para eles e, quem sabe, obter o reconhecimento e a aprovação exigidos para permanecer no jogo da sociabilidade; os clientes potenciais com necessidade de ampliar seus registros de gastos e limites de crédito para obter um serviço melhor; os pretensos imigrantes lutando para acumular pontuação, como prova da existência de uma demanda por seus serviços, para que seus requerimentos

Introdução 13

sejam levados em consideração – todas as três categorias de pessoas, aparentemente tão distintas, são aliciadas, estimuladas ou forçadas a promover uma *mercadoria* atraente e desejável. Para tanto, fazem o máximo possível e usam os melhores recursos que têm à disposição para aumentar o valor de mercado dos produtos que estão vendendo. E os produtos que são encorajadas a colocar no mercado, promover e vender são *elas mesmas*. São, ao mesmo tempo, os promotores *das mercadorias* e *as mercadorias que promovem*. São, simultaneamente, o produto e seus agentes de marketing, os bens e seus vendedores (e permitam-me acrescentar que qualquer acadêmico que já se inscreveu para um emprego como docente ou para receber fundos de pesquisa vai reconhecer suas próprias dificuldades nessa experiência). Seja lá qual for o nicho em que possam ser encaixados pelos construtores de tabelas estatísticas, todos habitam o mesmo espaço social conhecido como *mercado*. Não importa a rubrica sob a qual sejam classificados por arquivistas do governo ou jornalistas investigativos, a atividade em que todos estão engajados (por escolha, necessidade ou, o que é mais comum, ambas) é o *marketing*. O teste em que precisam passar para obter os prêmios sociais que ambicionam exige que *remodelem a si mesmos como mercadorias*, ou seja, como produtos que são capazes de obter atenção e atrair *demanda* e *fregueses*.

Siegfried Kracauer foi um pensador dotado da estranha capacidade de distinguir os contornos quase invisíveis e incipientes de tendências indicativas do futuro ainda perdidos numa massa disforme de modismos e idiossincrasias passageiros. Ainda no final da década de 1920, quando a iminente transformação da sociedade de produtores em sociedade de consumidores estava num estágio embrionário ou, na melhor das hipóteses, incipiente, e portanto passava despercebida a observadores menos atentos e perspicazes, ele havia notado que

a corrida aos inúmeros salões de beleza nasce, em parte, de preocupações existenciais, e o uso de cosméticos nem sempre é um luxo. Por medo de caírem em desuso como obsoletos, senhoras e cavalheiros tingem o cabelo, enquanto quarentões praticam esportes para se manterem esguios. "Como posso ficar bela?", indaga o título de um folheto recém-lançado no mercado; os anúncios de jornal dizem que ele apresenta maneiras de "permanecer jovem e bonita agora e para sempre".[7]

Os hábitos emergentes que Kracauer registrou na década de 1920 como uma curiosidade berlinense digna de nota avançaram e se espalharam como fogo numa floresta, até se transformarem em rotina diária (ou pelo menos num sonho) por todo o planeta. Oitenta anos depois, Germaine Greer observava que "mesmo nos rincões mais distantes do noroeste da China, as mulheres deixavam de lado seus pijamas em favor de sutiãs acolchoados e saias insinuantes, faziam permanente e pintavam seus cabelos lisos, e economizavam para comprar cosméticos. Isso era chamado de liberalização."[8]

Meio século após Kracauer observar e descrever as novas paixões das mulheres berlinenses, outro notável pensador alemão, Jürgen Habermas, escrevendo à época em que a sociedade de produtores estava chegando ao final de seus dias, e portanto com o benefício da percepção *a posteriori*, apresentava a "comodificação do capital e do trabalho" como a principal função, a própria *raison d'être*, do Estado capitalista. Ele apontou que, se a reprodução da sociedade capitalista é obtida mediante encontros transnacionais interminavelmente repetidos entre o capital no papel de comprador e o trabalho no de mercadoria, então o Estado capitalista deve cuidar para que esses encontros ocorram com regularidade e atinjam seus propósitos, ou seja, culminem em transações de compra e venda.

No entanto, para que se alcance tal culminação em todos os encontros, ou ao menos em um número significativo deles, o capital deve ser capaz de pagar o preço corrente da mercadoria, estar disposto a fazê-lo e ser estimulado a agir de acordo com essa disposição – garantido por uma política de seguros endossada pelo Estado contra os riscos causados pelos notórios caprichos dos mercados de produtos. O trabalho, por outro lado,

Introdução 15

deve ser mantido em condição impecável, pronto para atrair o olhar de potenciais compradores, conseguir a aprovação destes e aliciá-los a comprar o que estão vendo. Assim como encorajar os capitalistas a gastarem seu dinheiro com mão de obra, torná--la atraente para esses compradores é pouco provável sem a ativa colaboração do Estado. As pessoas em busca de trabalho precisam ser adequadamente nutridas e saudáveis, acostumadas a um comportamento disciplinado e possuidoras das habilidades exigidas pelas rotinas de trabalho dos empregos que procuram.

Hoje em dia, déficits de poder e recursos afligem a maioria dos Estados-nação que luta para desempenhar a contento a tarefa da comodificação – déficits causados pela exposição do capital nativo à competição cada vez mais intensa resultante da globalização dos mercados de capitais, trabalho e mercadorias, e pela difusão planetária das modernas formas de produção e comércio, assim como dos déficits provocados pelos custos, em rápido crescimento, do "Estado de bem-estar social", esse instrumento supremo e talvez indispensável da comodificação do trabalho.

Aconteceu que, no caminho entre a sociedade de produtores e a sociedade de consumidores, as tarefas envolvidas na comodificação e recomodificação do capital e do trabalho passaram por processos simultâneos de *desregulamentação* e *privatização* contínuas, profundas e aparentemente irreversíveis, embora ainda incompletas.

A velocidade e o ritmo acelerado desses processos foram e continuam a ser tudo, menos uniformes. Na maioria dos países (embora não em todos), eles parecem muito menos radicais no caso do trabalho do que até agora o foram em relação ao capital, cujos novos empreendimentos continuam a ser estimulados – quase como regra – pelos cofres governamentais numa escala crescente e não reduzida. Além disso, a capacidade e a disposição do capital para comprar trabalho continuam sendo reforçadas com regularidade pelo Estado, que faz o possível para manter baixo o "custo da mão de obra" mediante o desmantelamento dos mecanismos de barganha coletiva e proteção do emprego, e pela imposição de freios jurídicos às ações defensivas dos sindicatos – e que com muita frequência mantêm a solvência das empresas taxando importações, oferecendo incentivos fiscais para exportações e subsidiando os dividendos dos acionistas por meio de comissões governamentais pagas com dinheiro público. Para apoiar, por exemplo, a fracassada promessa da Casa Branca de manter baixos os preços nos postos de gasolina sem ameaçar os lucros dos acionistas, o governo Bush confirmou, em fevereiro de 2006, que iria renunciar a 7 bilhões de dólares em *royalties* nos próximos cinco anos (soma que alguns estimam ser o quádruplo), a fim de encorajar a indústria norte-americana do petróleo a prospectar o produto nas águas de propriedade pública do golfo do México ("É como dar subsídios a um peixe para que ele nade", foi a reação de um deputado a essa notícia: "É indefensável subsidiar essas empresas com os preços do petróleo e do gás tão elevados".)[9]

A tarefa da recomodificação do trabalho foi a mais afetada até agora pelos processos gêmeos da desregulamentação e da privatização. Essa tarefa está sendo excluída da responsabilidade governamental direta, mediante a "terceirização", completa ou parcial, do arcabouço institucional essencial à prestação de serviços cruciais para manter vendável a mão de obra (como no caso de escolas, habitações, cuidados com os idosos e um número crescente de serviços médicos). Assim, a preocupação de garantir a "vendabilidade" da mão de obra em massa é deixada para homens e mulheres como indivíduos (por exemplo: transferindo os custos da aquisição de habilidades profissionais para fundos privados – e pessoais), e estes são agora aconselhados por políticos e persuadidos por publicitários a usarem seus próprios recursos e bom senso para permanecerem no mercado, aumentarem seu valor mercadológico, ou pelo menos não o deixarem cair, e obterem o reconhecimento de potenciais compradores.

Tendo passado vários anos observando de perto (quase como participante) os mutáveis padrões de emprego nos setores mais

Introdução 17

avançados da economia norte-americana, Arlie Russell Hochschild descobriu e documentou tendências surpreendentemente
semelhantes às encontradas na Europa e descritas de forma muito detalhada por Luc Boltanski e Eve Chiapello como o "novo
espírito do capitalismo". A preferência, entre os empregadores,
por empregados "flutuantes", descomprometidos, flexíveis, "ge-
neralistas" e, em última instância, descartáveis (do tipo "pau-
-pra-toda-obra", em vez de especializados e submetidos a um
treinamento estritamente focalizado), foi o mais seminal de seus
achados. Nas palavras do próprio Hochschild:

> Desde 1997, um novo termo – "chateação zero"* – começou a
> circular em silêncio pelo Vale do Silício, terra natal da revolução
> informática nos Estados Unidos. Em sua origem, significava o mo-
> vimento sem fricção de um objeto físico como uma bicicleta ou um
> skate. Depois foi aplicado a empregados que, independentemente
> de incentivos financeiros, trocavam com facilidade de emprego.
> Mais recentemente, passou a significar "descomprometido" ou
> "desobrigado". Um empregador "pontocom" pode comentar, com
> aprovação, sobre um empregado: "Ele é um chateação zero", que-
> rendo dizer que ele está disponível para assumir atribuições extras,
> responder a chamados de emergência, ou ser realocado a qualquer
> momento. Segundo Po Bronson, pesquisador da cultura do Vale
> do Silício, "chateação zero é ótimo. Por algum tempo, os novos
> candidatos eram jocosamente indagados sobre seu 'coeficiente de
> chateação'".[10]

Morar a alguma distância do Vale do Silício e/ou carregar o
peso de uma mulher ou filho aumentam o "coeficiente de chate-
ação" e reduzem as chances de emprego do candidato. Os empregadores desejam que seus futuros empregados nadem em vez
de caminhar e pratiquem surfe em vez de nadar. O empregado
ideal seria uma pessoa sem vínculos, compromissos ou ligações
emocionais anteriores, e que evite estabelecê-los agora; uma pes-

---

* Em inglês, "zero drag". (N.T.)

soa pronta a assumir qualquer tarefa que lhe apareça e preparada para se reajustar e refocalizar de imediato suas próprias inclinações, abraçando novas prioridades e abandonando as adquiridas anteriormente; uma pessoa acostumada a um ambiente em que "acostumar-se" em si – a um emprego, habilidade ou modo de fazer as coisas – é algo malvisto e, portanto, imprudente; além de tudo, uma pessoa que deixará a empresa quando não for mais necessária, sem queixa nem processo. Uma pessoa que também considera as perspectivas de longo prazo, as trajetórias de carreira gravadas na pedra e qualquer tipo de estabilidade mais desconcertantes e assustadoras do que a ausência das mesmas.

A arte da "recomodificação" do trabalho em sua forma nova e atualizada é singularmente imprópria para ser aprendida a partir da pesada burocracia governamental, notoriamente inerte, presa à tradição, resistente à mudança e amante da rotina. E essa burocracia é particularmente imprópria para cultivá-la, ensiná--la e inculcá-la. É melhor deixar esse trabalho para os mercados de consumo, já conhecidos por sua perícia em treinar seus clientes em artes similares e por florescerem a partir disso. E assim se faz. Transferir para o mercado a tarefa de recomodificar o trabalho é o significado mais profundo da conversão do Estado ao culto da "desregulamentação" e da "privatização".

O mercado de trabalho é um dos muitos mercados de produtos em que se inscrevem as vidas dos indivíduos; o preço de mercado da mão de obra é apenas um dos muitos que precisam ser acompanhados, observados e calculados nas atividades da vida individual. Mas em todos os mercados valem as mesmas regras.

Primeira: o destino final de toda mercadoria colocada à venda é ser consumida por compradores. Segunda: os compradores desejarão obter mercadorias para consumo se, e apenas se, consumi-las for algo que prometa satisfazer seus desejos. Terceira: o preço que o potencial consumidor em busca de satisfação está preparado para pagar pelas mercadorias em oferta dependerá da credibilidade dessa promessa e da intensidade desses desejos.

Os encontros dos potenciais consumidores com os potenciais objetos de consumo tendem a se tornar as principais unidades na rede peculiar de interações humanas conhecida, de maneira abreviada, como "sociedade de consumidores". Ou melhor, o ambiente existencial que se tornou conhecido como "sociedade de consumidores" se distingue por uma reconstrução das relações humanas a partir do padrão, e à semelhança, das relações entre os consumidores e os objetos de consumo. Esse feito notável foi alcançado mediante a anexação e colonização, pelos mercados de consumo, do espaço que se estende entre os indivíduos – esse espaço em que se estabelecem as ligações que conectam os seres humanos e se erguem as cercas que os separam.

Numa enorme distorção e perversão da verdadeira substância da revolução consumista, a sociedade de consumidores é com muita frequência representada como se estivesse centralizada em torno das relações entre o consumidor, firmemente estabelecido na condição de *sujeito* cartesiano, e a mercadoria, designada para o papel de *objeto* cartesiano, ainda que nessas representações o centro de gravidade do encontro sujeito-objeto seja transferido, de forma decisiva, da área da contemplação para a esfera da atividade. Quando se trata de atividade, o sujeito cartesiano *pensante* (que percebe, examina, compara, calcula, atribui relevância e torna inteligível) se depara – tal como ocorreu durante a contemplação – com uma multiplicidade de objetos espaciais (de percepção, exame, comparação, cálculo, atribuição de relevância, compreensão), mas agora também com a tarefa de *lidar* com eles: movimentá-los, apropriar-se deles, usá-los, descartá-los.

O grau de soberania em geral atribuído ao sujeito para narrar a atividade de consumo é questionado e posto em dúvida de modo incessante. Como Don Slater assinalou com precisão, o retrato dos consumidores pintado nas descrições eruditas da vida de consumo varia entre os extremos de "patetas e idiotas culturais" e "heróis da modernidade". No primeiro polo, os consumidores são representados como o oposto de agentes soberanos: ludibriados por promessas fraudulentas, atraídos, seduzidos, impelidos e manobrados de outras maneiras por pressões flagrantes ou sub-reptícias, embora invariavelmente poderosas. No outro extremo, o suposto retrato do consumidor encapsula todas as virtudes pelas quais a modernidade deseja ser louvada – como a racionalidade, a forte autonomia, a capacidade de autodefinição e de autoafirmação violenta. Tais retratos representam um portador de "determinação e inteligência heroicas que podem transformar a natureza e a sociedade e submetê-las à autoridade dos desejos dos indivíduos, escolhidos livremente no plano privado".[11]

A questão, porém, é que em ambas as versões – quer sejam apresentados como patetas da publicidade ou heroicos praticantes do impulso autopropulsor para a autoridade – os consumidores são removidos e colocados fora do universo de seus potenciais objetos de consumo. Na maioria das descrições, o mundo formado e sustentado pela sociedade de consumidores fica claramente dividido entre as *coisas a serem escolhidas* e *os que as escolhem*; as mercadorias e seus consumidores: as coisas a serem consumidas e os seres humanos que as consomem. Contudo, a sociedade de consumidores é o que é precisamente por não ser nada desse tipo. O que a separa de outras espécies de sociedade é exatamente o *embaçamento* e, em última instância, a *eliminação* das divisões citadas acima.

Na sociedade de consumidores, ninguém pode se tornar sujeito sem primeiro virar mercadoria, e ninguém pode manter segura sua subjetividade sem reanimar, ressuscitar e recarregar de maneira perpétua as capacidades esperadas e exigidas de uma mercadoria vendável. A "subjetividade" do "sujeito", e a maior parte daquilo que essa subjetividade possibilita ao sujeito atingir, concentra-se num esforço sem fim para ela própria se tornar, e permanecer, uma mercadoria vendável. A característica mais proeminente da sociedade de consumidores – ainda que cuidadosamente disfarçada e encoberta – é a *transformação dos consumidores em mercadorias*; ou antes, sua dissolução no mar de mercadorias em que, para citar aquela que talvez seja a mais citada entre as muitas sugestões citáveis de Georg Simmel, os diferentes significados das coisas, "e portanto as próprias coisas, são vivenciados como imateriais", aparecendo "num tom uniformemente monótono e cinzento" – enquanto tudo "flutua com igual gravidade específica na corrente constante do dinheiro".[12] A tarefa dos consumidores, e o principal motivo que os estimula a se engajar numa incessante atividade de consumo, é sair dessa invisibilidade e imaterialidade cinza e monótona, destacando-se da massa de objetos indistinguíveis "que flutuam com igual gravidade específica" e assim captar o olhar dos consumidores (*blasé*!)...

O primeiro álbum gravado por Corinne Bailey Rae, cantora de 27 anos nascida em Leeds e contratada em 2005 por um homem do Departamento de Artistas & Repertório da EMI, ganhou o disco de platina em apenas quatro meses.[13] Um fato extraordinário. Uma em cada um milhão ou centenas de milhões de pessoas chegam ao estrelato depois de uma breve aparição numa banda independente e de um emprego como atendente numa boate de música *soul*. Uma probabilidade não maior, talvez ainda menor, do que a de ganhar na loteria (mas observemos que, semana após semana, milhões de pessoas continuam comprando bilhetes lotéricos). "Minha mãe é professora de uma escola primária", disse Corinne a um entrevistador, "e quando ela pergunta aos meninos o que eles querem ser quando crescer, eles dizem: 'Famoso'. Ela pergunta por que motivo e eles respondem: 'Não sei, só quero ser famoso.'"

Nesses sonhos, "ser famoso" não significa nada mais (mas também nada menos!) do que aparecer nas primeiras páginas de milhares de revistas e em milhões de telas, ser visto, notado, comentado e, portanto, presumivelmente *desejado* por muitos – assim como sapatos, saias ou acessórios exibidos nas revistas luxuosas e nas telas de TV, e por isso vistos, notados, comentados, desejados... "Há mais coisas na vida além da mídia", observa Germaine Greer, "mas não muito ... Na era da informação, a invisibilidade é equivalente à morte." A recomodificação constante, ininterrupta, é para a mercadoria. Logo, também para o consumidor, equivale ao que é o metabolismo para os organismos vivos.

Além de sonhar com a fama, outro sonho, o de não mais se dissolver e permanecer dissolvido na massa cinzenta, sem face e insípida das mercadorias, de se tornar uma mercadoria notável, notada e cobiçada, uma mercadoria comentada, que se destaca da massa de mercadorias, impossível de ser ignorada, ridicularizada ou rejeitada. Numa sociedade de consumidores, tornar-se uma mercadoria desejável e desejada é a matéria de que são feitos os sonhos e os contos de fadas.

Escrevendo de dentro da incipiente sociedade de produtores, Karl Marx censurou os economistas da época pela falácia do "fetichismo da mercadoria": o hábito de, por ação ou omissão, ignorar ou esconder a interação humana por trás do movimento das mercadorias. *Como se* estas, por conta própria, travassem relações entre si a despeito da mediação humana. A descoberta da compra e venda da capacidade de trabalho como a essência das "relações industriais" ocultas no fenômeno da "circulação de mercadorias", insistiu Marx, foi tão chocante quanto revolucionária: um primeiro passo rumo à restauração da substância humana na realidade cada vez mais desumanizada da exploração capitalista.

Um pouco mais tarde, Karl Polanyi abriria outro buraco na ilusão provocada pelo fetichismo da mercadoria: sim, diria ele, a capacidade de trabalho era vendida e comprada *como se* fosse uma mercadoria como outra qualquer, mas não, insistiria Polanyi, a capacidade de trabalho *não era nem poderia ser* uma mercadoria "como" outra qualquer. A impressão de que o trabalho era pura e simplesmente uma mercadoria só podia ser uma grande mistificação do verdadeiro estado das coisas, já que a "capacidade de trabalho" não pode ser comparada nem vendida em separado de seus portadores. De maneira distinta de outras mercadorias, os compradores não podem levar sua compra para casa. O que compraram não se torna sua propriedade exclusiva

Introdução 23

e incondicional, e eles não estão livres para *utere et abutere* (usar e abusar) dela à vontade, como estão no caso de outras aquisições. A transação que parece "apenas comercial" (recordemos a queixa de Thomas Carlyle, no início do século XX, de que relações humanas multifacetadas tinham sido reduzidas a um mero "nexo financeiro") inevitavelmente liga portadores e compradores num vínculo *mútuo* e numa *inter*dependência estreita. No mercado de trabalho, um relacionamento humano nasce de cada transação *comercial*; cada contrato de trabalho é outra refutação do fetichismo da mercadoria, e na sequência de cada transação logo aparecem provas de sua falsidade, assim como da ilusão ou autoilusão subsequente.

Se foi o destino do *fetichismo da mercadoria* ocultar das vistas a substância demasiado humana da sociedade de *produtores*, é papel do fetichismo da subjetividade ocultar a realidade demasiado comodificada da sociedade de *consumidores*.

A "subjetividade" numa sociedade de consumidores, assim como a "mercadoria" numa sociedade de produtores, é (para usar o oportuno conceito de Bruno Latour) um *fatiche** – um produto profundamente humano elevado à categoria de autoridade sobre-humana mediante o esquecimento ou a condenação à irrelevância de suas origens demasiado humanas, juntamente com o conjunto de ações humanas que levaram ao seu aparecimento e que foram condição *sine qua non* para que isso ocorresse. No caso da mercadoria na sociedade de produtores, foi o ato de comprar e vender sua capacidade de trabalho que, ao dotá--la de um valor de mercado, transformou o produto do trabalho numa mercadoria – de uma forma não visível (e sendo oculta) na aparência de uma interação autônoma de mercadorias. No caso da subjetividade na sociedade de consumidores, é a vez de comprar e vender os símbolos empregados na construção da identidade – a expressão supostamente pública do "self" que na verdade é o "simulacro" de Jean Baudrillard, colocando a "repre-

---

* No original, *faitishe*. (N.T.)

sentação" no lugar daquilo que ela deveria representar –, a serem eliminados da aparência do produto final.

A "subjetividade" dos consumidores é feita de opções de compra – opções assumidas pelo sujeito e seus potenciais compradores; sua descrição adquire a forma de uma lista de compras. O que se supõe ser a materialização da verdade interior do self é uma idealização dos traços materiais – "objetificados" – das escolhas do consumidor.

Algum tempo atrás, uma das cada vez mais numerosas agências de encontros pela internet (parship.co.uk) conduziu uma pesquisa que mostrou que dois terços dos solteiros que usaram serviços de encontros em 2005 (cerca de 3,6 milhões) recorreram à internet. O negócio de "encontros pela internet" obteve 12 milhões de libras naquele ano e se espera que atinja 47 milhões em 2008.[14] Nos seis meses que precederam a pesquisa, a proporção de solteiros que acreditavam poder encontrar o parceiro certo na internet cresceu de 35 para 50% – e a tendência é aumentar mais. Comentando esses dados, o autor de um dos "artigos spiked"* publicados na web observa:

> Isso reflete uma mudança fundamental na forma como as pessoas são estimuladas a pensar sobre seus relacionamentos pessoais e organizar suas vidas, com a intimidade apresentada em público e sujeita a normas contratuais que se poderia associar à compra de um carro, uma casa ou a uma viagem de férias.[15]

Compartilhando a opinião expressa por outro escritor "spiked",[16] o autor acredita que os usuários potenciais são estimulados a migrar para os serviços de internet como uma "opção mais segura e controlada", que lhes permite evitar "o risco e a imprevisibilidade dos encontros face a face". "O medo de estar só remete as pessoas aos computadores, enquanto o perigo re-

---

* Bauman faz referência ao site www.spiked-online.com, cujo objetivo é, como podemos ler no próprio site, "expandir os horizontes da humanidade por meio de uma guerra cultural de palavras contra a misantropia, o puritanismo, o preconceito, o ludismo, o iliberalismo e o irracionalismo em todas as suas formas". (N.T.)

presentado pelos estranhos estimula o adiamento dos encontros na vida real." Mas há um preço a ser pago. Jonathan Keane ressalta "o senso arrepiante de desconforto e injúria" que atormenta as pessoas, não importa quanto tentem evitá-lo, à medida que passam de um site para outro, assim como costumavam virar as páginas de um catálogo, na busca de um parceiro ideal.[17]

Claramente, as pessoas que recorrem às agências da internet em busca de ajuda foram mimadas pelo mercado de consumo, amigável ao usuário, que promete tornar toda escolha segura e qualquer transação única e sem compromisso, um ato "sem custos ocultos", "nada mais a pagar, nunca", "sem amarras", "nenhum agente para ligar". O efeito colateral (é possível se dizer, usando uma expressão que está na moda, "a baixa colateral") dessa existência mimada – minimizando os riscos, reduzindo bastante ou abolindo a responsabilidade e portanto produzindo uma subjetividade dos protagonistas neutralizada *a priori* – revelou-se, contudo, um volume considerável de "desabilitação"* social.

A companhia de seres humanos de carne e osso faz com que os clientes habituais das agências de encontros pela internet, adequadamente preparados pelas práticas do mercado de produtos, sintam-se constrangidos. Os tipos de mercadorias com as quais foram treinados a se sociabilizar são para tocar, mas não têm mãos para tocar, são despidas para serem examinadas, mas não devolvem o olhar nem requerem que este seja devolvido, e assim se abstêm de se expor ao escrutínio do examinador, enquanto placidamente se expõem ao exame do cliente. Podemos examiná-las por inteiro sem temer que nossos olhos – as janelas dos segredos mais privados da alma – sejam eles próprios examinados. Grande parte da atração exercida pelas agências da internet deriva da reclassificação dos parceiros humanos procurados como os tipos de mercadorias com as quais os consumidores treinados estão acostumados a se defrontar e que sabem muito bem mane-

---

* Em inglês, *deskilling* – processo pelo qual a mão de obra especializada é eliminada pela introdução de tecnologias operadas por trabalhadores semiqualificados ou sem qualificação. (N.T.)

jar. Quanto mais experientes e "maduros" se tornam os clientes, mais ficam surpresos, confusos e embaraçados quando chegam "face a face" e descobrem que os olhares devem ser devolvidos e que, nas "transações", eles, os sujeitos, também são objetos.

Nas lojas, as mercadorias são acompanhadas por respostas para todas as perguntas que seus potenciais compradores poderiam desejar fazer antes de tomarem a decisão de adquiri-las, mas elas próprias se mantêm educadamente silenciosas e não fazem perguntas, muito menos embaraçosas. As mercadorias confessam tudo que há para ser confessado, e ainda mais – sem exigir reciprocidade. Mantêm-se no papel de "objeto" cartesiano – totalmente dóceis, matérias obedientes a serem manejadas, moldadas e colocadas em bom uso pelo onipotente sujeito. Pela simples docilidade, elevam o comprador à categoria de sujeito soberano, incontestado e desobrigado – uma categoria nobre e lisonjeira que reforça o ego. Desempenhando o papel de objetos de maneira impecável e realista o bastante para convencer, os bens do mercado suprem e reabastecem, de forma perpétua, a base epistemológica e praxiológica do "fetichismo da subjetividade".

Como compradores, fomos adequadamente preparados pelos gerentes de marketing e redatores publicitários a desempenhar o papel de sujeito – um faz de conta que se experimenta como verdade viva; um papel desempenhado como "vida real", mas que com o passar do tempo afasta essa vida real, despindo-a, nesse percurso, de todas as chances de retorno. E à medida que mais e mais necessidades da vida, antes obtidas com dificuldade, sem o luxo do serviço de intermediação proporcionado pelas redes de compras, tornam-se "comodizados" (a privatização do fornecimento de água, por exemplo, levando invariavelmente à água engarrafada nas prateleiras das lojas), as fundações do "fetichismo da subjetividade" são ampliadas e consolidadas. Para completar a versão popular e revista do *cogito* de Descartes, "Compro, logo sou...", deveria ser acrescentado "um sujeito". E à medida que o tempo gasto em compras se torna mais longo (fisicamente ou em pensamento, em carne e osso ou eletronicamente), multiplicam-se as oportunidades para se fazer esse acréscimo.

Entrar na web para escolher/comprar um parceiro segue a mesma tendência mais ampla das compras pela internet. Cada vez mais pessoas preferem comprar em websites do que em lojas. Conveniência (entrega em domicílio) e economia de gasolina compõem a explicação imediata, embora parcial. O conforto espiritual obtido ao se substituir um vendedor pelo monitor é igualmente importante, se não mais.

Um encontro face a face exige o tipo de habilidade social que pode inexistir ou se mostrar inadequado em certas pessoas, e um diálogo sempre significa se expor ao desconhecido: é como se tornar refém do destino. É tão mais reconfortante saber que é a minha mão, só ela, que segura o mouse e o meu dedo, apenas ele, que repousa sobre o botão. Nunca vai acontecer de um inadvertido (e incontrolado!) trejeito em meu rosto ou uma vacilante mas reveladora expressão de desejo deixar vazar e trair para a pessoa do outro lado do diálogo um volume maior de meus pensamentos ou intenções mais íntimas do que eu estava preparado para divulgar.

Em *Soziologie der Sinne*, "Sociologia dos sentidos", Georg Simmel observa que o olhar que dirijo inadvertidamente a outra pessoa revela meu próprio eu. O olhar que dirijo na esperança de obter um lampejo de seu estado mental e/ou de seu coração tende a ser expressivo, e as emoções mais íntimas mostradas dessa maneira não podem ser refreadas ou camufladas com facilidade – a menos que eu seja um ator profissional bastante treinado. Faz sentido, portanto, imitar o suposto hábito do avestruz de enterrar a cabeça na areia e desviar ou baixar os olhos. Não olhando o outro nos olhos, torno meu eu interior (para ser mais exato, meus pensamentos e emoções mais íntimos) invisível, inescrutável...

Agora, na era dos desktops, laptops, dispositivos eletrônicos e celulares que cabem na palma da mão, a maioria de nós tem uma quantidade mais do que suficiente de areia para enterrar a cabeça. Não precisamos mais nos preocupar com a habilidade superior do vendedor para ler rostos, com seu poder de persuasão ou com nossos momentos de fraqueza. Meus temores e esperanças, desejos e dúvidas continuarão sendo o que devem ser: meus e apenas meus. Não vou me apressar em pressionar as teclas "compre agora" e "confirme" antes de ter coletado, listado e examinado todos os "prós" e "contras" das diversas escolhas possíveis. Enquanto eu continuar seguindo dessa maneira prudente, a hora da avaliação, de dar a sentença, aquele ponto sem retorno com desculpas do tipo "tarde demais para reconsiderar", "não há como voltar atrás" e "não é possível recomeçar", é mantido a distância. Sou o único no comando. Sinto-me protegido dos complôs e subterfúgios dos desconhecidos e impenetráveis outros – mas também de mim mesmo, de um aspecto que esteja me escapando, de agir "impulsivamente", de uma forma que posso vir a lamentar – não tenho como saber – pelo resto da vida. Isso se aplica à compra de carros, cortadores de grama, *home theaters*, laptops ou a uma viagem de férias. Por que não se aplicaria à aquisição de parceiros?

E por fim, num mundo em que uma novidade tentadora corre atrás da outra a uma velocidade de tirar o fôlego, num mundo de incessantes novos começos, viajar esperançoso parece mais seguro e muito mais encantador do que a perspectiva da chegada: a alegria está toda nas compras, enquanto a aquisição em si, com a perspectiva de ficar sobrecarregado com seus efeitos diretos e colaterais possivelmente incômodos e inconvenientes, apresenta uma alta probabilidade de frustração, dor e remorso. E como as lojas da internet permanecem abertas o tempo todo, pode-se esticar à vontade o tempo de satisfação não contaminada por qualquer preocupação com frustrações futuras. Uma escapada para fazer compras não precisa ser uma excursão muito planejada – pode ser fragmentada numa série de agradáveis momentos de excitação, profusamente borrifados sobre todas as outras atividades existenciais, acrescentando cores brilhantes aos recantos mais sombrios ou monótonos.

O problema, evidentemente, é que procurar um *parceiro* não se encaixa muito bem no esquema comprar-e-pagar – muito menos uma *companhia para a vida.*

A ajuda que pode ser dada pela internet na eterna guerra preventiva contra os riscos e ansiedades que enchem até as bordas a vida de um selecionador em uma sociedade de selecionadores tende a permanecer limitada e com uma sensação do tipo "até certo ponto". Pode aplacar algumas ansiedades do pesquisador enquanto dura a pesquisa, mas não vai ultrapassar o momento de realização a que se espera e deseja que conduza a viagem de descoberta, e do qual se acredita que ela extraia sua atração e motivo. Tal como o fetichismo da mercadoria que assombrava a sociedade de produtores, o fetichismo da subjetividade que assombra a sociedade de consumidores se baseia, em última instância, numa ilusão.

O poder produtivo dos produtores não poderia ser isolado dos próprios produtores, dos quais era o poder inalienável. Um custo invisível, embora pesado e inescapável, da transação de compra e venda de mão de obra era, portanto, um laço complexo, multifacetado e, acima de tudo, *recíproco*, ligando compradores e vendedores enquanto durasse o processo de produção a que a força de trabalho adquirida deveria servir. Esse vínculo significava que era precipitada a conclusão de que haveria uma longa, talvez interminável, cadeia de choques de interesses, fortes antagonismos ou inimizades abertas, escaramuças diárias e longas guerras de reconhecimento. É mais ou menos a mesma história quando se trata da compra de uma "força de prazer": ainda que sejam listadas no site da agência de encontros da maneira mais completa e honesta, as fantásticas *qualidades* prazerosas procuradas pelos surfistas da internet em seus parceiros potenciais, e pelas quais são orientadas suas escolhas, não podem ser isoladas das *pessoas* que as possuem, da mesma forma que a força de trabalho não podia ser separada dos produtores a que pertencia.

De maneira distinta da ficção eletronicamente improvisada a partir de uma série de atributos pré-selecionados, a pessoa real é dotada de uma língua para falar e de ouvidos para escutar. Deseja que o parceiro eleito olhe em seus olhos e se disponha a expor seus próprios olhos ao exame do outro, tem emoções esperando para serem despertadas, assim como a capacidade de despertá-las, e uma biografia apenas sua, juntamente com uma personalidade, expectativas e um modelo de felicidade biograficamente moldados: nada que lembre nem de longe o passivo, dócil, submisso e maleável "objeto" cartesiano. A maldição da mútua "atoria" (aquela mistura "impura" do "ator" com o "autor", muito provavelmente incapaz de ser purificada em função do irredutível poder autoral de todos os atores e da virtual impossibilidade de "reiterações puras" de movimentos padronizados) vai tirar a máscara da ilusão da "subjetividade pura". Nenhum conjunto de precauções pode mudar esse fato ou "purgar" a relação dessa maldição: ela vai pairar sobre a série de tentativas dedicadas e engenhosas de mudá-la, não importa quanto durem.

Há limites até onde se pode estender a "soberania do consumidor" prometida pela sociedade dos consumidores – limites intransponíveis –, e de cada encontro entre seres humanos esses limites tendem a emergir fortalecidos, apesar (ou por causa) das pressões para retraçá-los.

O fetichismo da subjetividade, tal como, antes dele, o fetichismo da mercadoria, baseia-se numa mentira, e assim é pela mesma razão de seu predecessor – ainda que as duas variedades de fetichismo centralizem duas operações encobertas em lados opostos da dialética sujeito-objeto entranhada na condição existencial humana. Ambas as variações tropeçam e caem diante do mesmo obstáculo: a teimosia do sujeito humano, que resiste bravamente às repetidas tentativas de objetificá-lo.

Na sociedade de consumidores, a dualidade sujeito-objeto tende a ser incluída sob a dualidade consumidor-mercadoria. Nas relações humanas, a soberania do sujeito é, portanto, reclassificada e representada como a soberania do consumidor – enquanto a resistência ao objeto, derivada de sua soberania não inteiramente suprimida, embora rudimentar, é oferecida à percepção como a inadequação, inconsistência ou imperfeição de uma mercadoria mal escolhida.

O consumismo dirigido para o mercado tem uma receita para enfrentar esse tipo de inconveniência: a troca de uma mercadoria defeituosa, ou apenas imperfeita e não plenamente satisfatória, por uma nova e aperfeiçoada. A receita tende a ser reapresentada como um estratagema a que os consumidores experientes recorrem automaticamente de modo quase irrefletido, a partir de um hábito aprendido e interiorizado. Afinal de contas, nos mercados de consumidores-mercadorias, a necessidade de substituir objetos de consumo "defasados", menos que plenamente satisfatórios e/ou não mais desejados está inscrita no design dos produtos e nas campanhas publicitárias calculadas para o crescimento constante das vendas. A curta expectativa de vida de um produto na prática e na utilidade proclamada está incluída na estratégia de marketing e no cálculo de lucros: tende a ser preconcebida, prescrita e instilada nas práticas dos consumidores mediante a apoteose das novas ofertas (de hoje) e a difamação das antigas (de ontem).

Entre as maneiras com que o consumidor enfrenta a insatisfação, a principal é descartar os objetos que a causam. A sociedade de consumidores desvaloriza a durabilidade, igualando "velho" a "defasado", impróprio para continuar sendo utilizado e destinado à lata de lixo. É pela alta taxa de desperdício, e pela decrescente distância temporal entre o brotar e o murchar do desejo, que o fetichismo da subjetividade se mantém vivo e digno de crédito, apesar da interminável série de desapontamentos que ele causa. A sociedade de consumidores é impensável sem uma florescente indústria de remoção do lixo. Não se espera dos consumidores que jurem lealdade aos objetos que obtêm com a intenção de consumir.

O padrão cada vez mais comum de uma "relação pura", revelado e descrito por Anthony Giddens em seu livro *Transformações da intimidade*, pode ser interpretado como um transplante da regra do mercado de bens para o domínio dos vínculos humanos. A prática da "relação pura", bastante observada e por vezes louvada no folclore popular e em sua representação pelos meios de comunicação, pode ser visualizada à semelhança da presumida ou postulada soberania do consumidor. O impacto da diferença entre o relacionamento parceiro-parceiro e o ato de adquirir bens de consumo comuns, distinção essa muito profunda, originada na *reciprocidade* do acordo necessário para que a relação se *inicie*, é minimizado (se não tornado totalmente irrelevante) pela cláusula que torna a decisão de *um* dos parceiros suficiente para *encerrá-la*. É essa cláusula que põe a nu a *similaridade* sobreposta à *diferença*: no modelo de uma "relação pura", tal como nos mercados de bens, os parceiros têm o direito de tratar um ao outro como tratam os objetos de consumo. Uma vez que a permissão (e a prescrição) de rejeitar e substituir um objeto de consumo que não traz mais satisfação total seja estendida às relações de parceria, os parceiros são reduzidos ao status de objetos de consumo. De maneira paradoxal, eles são classificados assim por causa de sua luta para obter e monopolizar as prerrogativas do consumidor soberano...

Uma "relação pura" centralizada na utilidade e na satisfação é, evidentemente, o exato oposto de amizade, devoção, solidariedade e amor – todas aquelas relações "Eu-Você" destinadas a desempenhar o papel de cimento no edifício do convívio humano. Sua "pureza" é avaliada, em última instância, pela ausência de ingredientes eticamente carregados. A atração de uma "relação pura" está na deslegitimação, para citar Ivan Klima, de questões como: "Onde está a fronteira entre o direito à felicidade pessoal e a um novo amor, por um lado, e o egoísmo irresponsável que desintegraria a família e talvez prejudicasse os filhos, de outro?"[18] Em última instância, essa atração está em estabelecer o atar e desatar de vínculos humanos como ações moralmente "adiafóricas" (indiferentes, neutras), que portanto livram os atores da responsabilidade que o amor, para o bem ou para o mal, promete e luta para construir e preservar. "A criação de um relacionamento bom e duradouro", em total oposição à busca de prazer por meio de objetos de consumo, "exige um esforço enorme" – um aspecto que a "relação pura" nega de forma enfática em nome de alguns outros valores, entre os quais não figura a responsabilidade pelo outro, fundamental em termos éticos. Mas aquilo com o que o amor, em completa oposição a um mero desejo de satisfação, deve ser comparado, sugere Klima,

> é a criação de uma obra de arte ... Isso também exige imaginação, concentração total, a combinação de todos os aspectos da personalidade humana, sacrifício pessoal por parte do artista e liberdade absoluta. Mas acima de tudo, tal como se dá com a criação artística, o amor exige ação, ou seja, atividades e comportamentos não rotineiros, assim como uma atenção constante à natureza intrínseca do parceiro, o esforço de compreender sua individualidade, além de respeito. E, por fim, ele precisa de tolerância, da consciência de que não deve impor suas perspectivas ou opiniões ao companheiro ou atrapalhar sua felicidade.

O amor, podemos dizer, abstém-se de prometer uma passagem fácil para a felicidade e a significação. Uma "relação pura" inspirada por práticas consumistas promete que essa passagem será fácil e livre de problemas, enquanto faz a felicidade e o propósito reféns do destino – é mais como ganhar na loteria do que um ato de criação e esforço.

Enquanto escrevo estas palavras, foi publicado um excelente estudo das muitas faces do consumismo, organizado por John Brewer e Frank Trentmann.[19] Na introdução, os dois extraíram a seguinte conclusão de um levantamento exaustivo das abordagens disponíveis para o estudo do fenômeno:

> Começaremos este capítulo comentando a notável riqueza e diversidade do consumo moderno e a dificuldade de acomodar essa variedade num único arcabouço interpretativo ... Nenhuma narrativa singular do consumo, nenhuma tipologia singular do consumidor e nenhuma versão monolítica da cultura de consumo será suficiente ...

E eles nos advertem que, ao enfrentarmos a desanimadora tarefa de compor essa visão coesa dos consumidores e de suas estratégias de vida, devemos "reconhecer que esses mercados estão necessariamente incrustados em complexas matrizes políticas e culturais que conferem aos atos de consumo sua ressonância e importância específicas. Só então seremos capazes de fazer justiça ao consumo moderno em todo o seu poder e plenitude".

Eles estão absolutamente certos. O que escrevo aqui é mais uma ilustração da tese deles, outro acréscimo às incontáveis perspectivas cognitivas a partir das quais o fenômeno do consumo moderno tem sido examinado até agora. Uma tentativa não menos (embora se espere que não mais) parcial do que aquelas que pretendem complementar em vez de corrigir, que dirá substituir.

Neste livro, pretendo propor três "tipos ideais": o do consumismo, o da sociedade de consumidores e o da cultura consumista. Sobre as bases metodológicas e a importância cognitiva dos tipos ideais, ver Capítulo 1; mas deve-se enfatizar já aqui que os "tipos ideais" não são instantâneos nem imagens da realidade social, mas tentativas de construir modelos de seus elementos essenciais e de sua configuração, destinados a tornar inteligíveis as evidências da experiência, que de outro modo pareceriam caóticas e fragmentadas. Tipos ideais não são descrições da realidade social, mas instrumentos de sua análise e – ao que se espera – de sua compreensão. Seu propósito é fazer com que nosso retrato da sociedade que habitamos "faça sentido". Para atingir esse propósito, eles deliberadamente postulam mais homogeneidade, consistência e lógica no mundo social empírico do que a experiência diária torna visível e nos permite captar. Suas raízes se fincam profundamente no solo da experiência e das práticas humanas cotidianas. Mas para conseguir uma melhor visão de tais práticas, assim como de suas causas e motivos, precisam de uma distância que lhes permita abraçar o campo como um todo – de modo que a visão das práticas humanas se torne mais abrangente e mais clara para o analista, revelando também, espera-se, as causas e os motivos de suas ações aos próprios atores.

Introdução 35

Estou plenamente consciente da "mixórdia" (complexidade, multilateralidade, heterogeneidade) que nossa experiência comum da realidade nos torna disponível. Mas também estou consciente de que modelos "adequados ao nível do significado", como diria Max Weber, são indispensáveis para qualquer compreensão, e até para a própria consciência das similaridades e diferenças, conexões e descontinuidades que se ocultam por trás da desconcertante variedade de experiências. Os tipos ideais que aqui proponho devem ser "pensados com" e servir de instrumentos para "ver com".

Com a mesma ideia em mente, proponho alguns conceitos que, espero, possam ajudar na apreensão de fenômenos e processos novos ou emergentes que elidem com as redes conceituais mais antigas – como "tempo pontilhista", "comodificação dos consumidores" ou "fetichismo da subjetividade". Por fim, tento registrar o impacto dos padrões de interação e avaliação consumistas acerca de vários aspectos aparentemente desconexos do ambiente social, como política e democracia, divisões e estratificação social, comunidades e parcerias, construção de identidade, produção e uso do conhecimento ou preferências valorativas.

A invasão, a conquista e a colonização da rede de relações pelas visões de mundo e padrões comportamentais inspirados e feitos sob medida pelos mercados de produtos, assim como as fontes de ressentimento, dissensão e ocasional resistência às forças de ocupação, da mesma forma que a questão dos limites intransponíveis (se existe algum) ao domínio dos ocupantes, são os principais temas deste livro. As formas sociais e a cultura da vida contemporânea são examinadas uma vez mais e reinterpretadas à luz desses temas.

Inevitavelmente, a história que se pretende contar aqui será inconclusa – na verdade, com final em aberto –, como tende a ser qualquer reportagem enviada do campo de batalha.

· 1 ·

Consumismo
versus consumo

Aparentemente, o consumo é algo banal, até mesmo trivial. É uma atividade que fazemos todos os dias, por vezes de maneira festiva, ao organizar um encontro com os amigos, comemorar um evento importante ou para nos recompensar por uma realização particularmente importante – mas a maioria das vezes é de modo prosaico, rotineiro, sem muito planejamento antecipado nem reconsiderações.

Se reduzido à forma arquetípica do ciclo metabólico de ingestão, digestão e excreção, o consumo é uma condição, e um aspecto, permanente e irremovível, sem limites temporais ou históricos; um elemento inseparável da sobrevivência biológica que nós humanos compartilhamos com todos os outros organismos vivos. Visto dessa maneira, o fenômeno do consumo tem raízes tão antigas quanto os seres vivos – e com toda certeza é parte permanente e integral de todas as formas de vida conhecidas a partir de narrativas históricas e relatos etnográficos. Ao que parece, *plus ça change, plus c'est la même chose...* Qualquer modalidade de consumo considerada típica de um período específico da história humana pode ser apresentada sem muito esforço como uma versão ligeiramente modificada de modalidades anteriores. Nesse campo, a continuidade parece ser a regra; rupturas, descontinuidades, mudanças radicais, para não mencionar transformações revolucionárias do tipo divisor de águas, podem ser (e com frequência são) rejeitadas como puramente quantitativas, em vez de qualitativas. E ainda assim, se a atividade de consumir, encarada dessa maneira, deixa pouco espaço para a inventividade e a manipulação, isso não se aplica ao papel que foi e continua sendo desempenhado pelo consumismo nas transformações do passado e na atual dinâmica do modo humano de ser e estar no mundo. Em particular, não se aplica ao seu lugar entre os fatores determinantes do estilo e da qualidade da vida social e ao seu papel como fixador de padrões (um entre muitos ou o principal) das relações inter-humanas.

Por toda a história humana, as atividades de consumo ou correlatas (produção, armazenamento, distribuição e remoção de objetos de consumo) têm oferecido um suprimento constante de "matéria-prima" a partir da qual a variedade de formas de vida e padrões de relações inter-humanas pôde ser moldada, e de fato o foi, com a ajuda da inventividade cultural conduzida pela imaginação. De maneira mais crucial, como um espaço expansível que se abre entre o ato da produção e o do consumo, cada um dos quais adquiriu autonomia em relação ao outro – de modo que puderam ser regulados, padronizados e operados por conjuntos de instituições mutuamente independentes. Seguindo-se à "revolução paleolítica" que pôs fim ao modo de existência precário dos povos coletores e inaugurou a era dos excedentes e da estocagem, a história poderia ser escrita com base nas maneiras como esse espaço foi colonizado e administrado.

Foi sugerido (e essa sugestão é seguida e desenvolvida no restante deste capítulo) que um ponto de ruptura de enormes consequências, que, poderíamos argumentar, mereceria o nome de "revolução *consumista*", ocorreu milênios mais tarde, com a passagem do consumo ao "consumismo", quando aquele, como afirma Colin Campbell, tornou-se "especialmente importante, se não central" para a vida da maioria das pessoas, "o verdadeiro propósito da existência".[1] E quando "nossa capacidade de 'querer', 'desejar', 'ansiar por' e particularmente de experimentar tais emoções repetidas vezes de fato passou a sustentar a economia" do convívio humano.

Digressão: sobre o método dos "tipos ideais". Antes de irmos em frente, faz-se necessária uma advertência, a fim de superar as disputas, inevitavelmente insolúveis, a respeito da singularidade ou generalidade – ou, quanto a isso, da particularidade ou "comunalidade" – dos fenômenos analisados. É ponto pacífico que nada ou quase nada na história humana é totalmente novo no sentido de não ter antecedentes no passado; as cadeias de causalidade podem sempre ser estendidas *ad infinitum* para o passado. Mas também é inquestionável que em várias formas de vida até os fenômenos que podem ser apresentados como universalmente presentes entram em algum tipo de configuração – e é a particularidade da configuração, muito mais do que a especificidade de seus ingredientes, que "faz a diferença". O modelo do "consumismo" aqui proposto, assim como os da "sociedade de consumidores" e da "cultura de consumo", são o que Max Weber chamou de "tipos ideais": abstrações que tentam apreender a singularidade de uma configuração composta de ingredientes que não são absolutamente singulares, e que separam os padrões definidores dessa figuração da multiplicidade de aspectos que a configuração em questão compartilha com outras. A maioria dos conceitos usados de forma rotineira nas ciências sociais (se não todos eles) – como "capitalismo", "feudalismo", "livre mercado", "democracia", ou mesmo "sociedade", "comunidade", "localidade", "organização" e "família" – tem o status de tipos ideais. Como sugeriu Weber, os "tipos ideais" (se construídos de maneira adequada) são ferramentas cognitivas úteis, e também indispensáveis, ainda que (ou talvez *porque*) iluminem deliberadamente certos aspectos da realidade social descrita enquanto deixam na sombra outros aspectos considerados de menor ou escassa relevância para os traços essenciais e necessários de uma forma de vida particular. "Tipos ideais" não são descrições da realidade, mas ferramentas usadas para analisá-la. São bons para pensar. Ou, razoável mas paradoxalmente, apesar de sua natureza abstrata, tornam a realidade social empírica, tal como se apresenta à experiência, descritível. Essas ferramentas são insubstituíveis em qualquer esforço com vistas a tornar inteligíveis os pensamentos e possibilitar uma narrativa coerente das evidências um tanto desordenadas da experiência humana. Mas recordemos o argumento elegante e convincente do próprio Max Weber ao justificar a construção e o uso dos tipos ideais – um argumento que nada perdeu de sua atualidade e relevância para a prática sociológica:

> A análise sociológica ao mesmo tempo nos abstrai da realidade e nos ajuda a entendê-la, pelo fato de que ela mostra em que grau de aproximação um fenômeno histórico concreto pode ser, sob um aspecto, "feudal", sob outro, "burocrático" e, sob outro ainda, "carismático". Para atribuir a esses termos um significado preciso, é necessário que o sociólogo formule tipos ideais das formas correspondentes de ação que em cada caso envolvem o mais alto grau de integração lógica em virtude de sua adequação total no nível do significado. Mas justo porque isso é verdade, é provavelmente raro, se é que chega a acontecer, que se possa encontrar um fenômeno real que corresponda com exatidão a qualquer um desses tipos ideais idealmente construídos.[2]

Desde que nos lembremos das palavras de Weber, podemos continuar usando com segurança (ainda que com cautela) "construtos puros" em nosso esforço para tornar inteligível e entender uma realidade reconhecidamente "impura", evitando ao mesmo tempo as armadilhas à espera dos incautos que tendem a confundir "tipos ideais puros" com "fenômenos reais". Podemos assim continuar com a construção de modelos do consumismo, da sociedade de consumidores e da cultura consumista – na visão do autor, as ferramentas adequadas à tarefa de compreender um aspecto fundamental da sociedade que hoje habitamos, e, portanto, também para o trabalho de construir uma narrativa coerente de nossa experiência compartilhada dessa habitação.

Pode-se dizer que o "consumismo" é um tipo de arranjo social resultante da reciclagem de vontades, desejos e anseios humanos rotineiros, permanentes e, por assim dizer, "neutros quanto ao regime", transformando-os na *principal força propulsora e operativa* da sociedade, uma força que coordena a reprodução sistêmica, a integração e a estratificação sociais, além da formação de indivíduos humanos, desempenhando ao mesmo tempo um papel importante nos processos de autoidentificação individual e de grupo, assim como na seleção e execução de políticas de vida individuais. O "consumismo" chega quando o consumo assume o papel-chave que na sociedade de produtores era exercido pelo trabalho. Como insiste Mary Douglas, "a menos que saibamos por que as pessoas precisam de bens de luxo [ou seja, bens que excedem as necessidades de sobrevivência] e como os utilizam, não estaremos nem perto de considerar com seriedade os problemas da desigualdade".[3]

De maneira distinta do *consumo*, que é basicamente uma característica e uma ocupação dos seres humanos como indivíduos, o *consumismo* é um atributo da *sociedade*. Para que uma sociedade adquira esse atributo, a capacidade profundamente individual de querer, desejar e almejar deve ser, tal como a capacidade de trabalho na sociedade de produtores, destacada ("alienada") dos indivíduos e reciclada/reificada numa força externa que coloca a "sociedade de consumidores" em movimento e a mantém em curso como uma forma específica de convívio humano, enquanto ao mesmo tempo estabelece parâmetros específicos para as estratégias individuais de vida que são eficazes e manipula as probabilidades de escolha e conduta individuais.

Tudo isso ainda diz pouco sobre o *conteúdo* da "revolução consumista". A questão que exige uma investigação mais atenta diz respeito *ao que* "queremos", "desejamos" e "almejamos", e *como* as substâncias de nossas vontades, desejos e anseios estão mudando no curso e em consequência da passagem ao consumismo.

É comum se pensar (embora seja possível mostrar que de maneira incorreta) que aquilo que os homens e as mulheres lançados ao modo de vida consumista desejam e almejam é, em primeiro lugar, a apropriação, a posse e a acumulação de objetos, valorizados pelo conforto que proporcionam e/ou o respeito que outorgam a seus donos.

A *apropriação* e a *posse* de bens que garantam (ou pelo menos prometam garantir) o conforto e o respeito podem de fato ser as principais motivações dos desejos e anseios na sociedade de produtores, um tipo de sociedade comprometida com a causa da segurança estável e da estabilidade segura, que baseia seus padrões de reprodução a longo prazo em comportamentos individuais criados para seguir essas motivações.

A sociedade de produtores, principal modelo societário da fase "sólida" da modernidade, foi basicamente orientada para a segurança. Nessa busca, apostou no desejo humano de um ambiente confiável, ordenado, regular, transparente e, como prova disso, duradouro, resistente ao tempo e seguro. Esse desejo era de fato uma matéria-prima bastante conveniente para que fossem construídos os tipos de estratégias de vida e padrões comportamentais indispensáveis para atender à era do "tamanho é poder" e do "grande é lindo": uma era de fábricas e exércitos de massa, de regras obrigatórias e conformidade às mesmas, assim como de estratégias burocráticas e panópticas de dominação que, em seu esforço para evocar disciplina e subordinação, basearam-se na padronização e rotinização do comportamento individual.

Nessa era, amplos volumes de bens espaçosos, pesados, obstinados e imóveis auguravam um futuro seguro, que prometia um suprimento constante de conforto, poder e respeito pessoais. A posse de um grande volume de bens implicava ou insinuava uma existência segura, imune aos futuros caprichos do destino; eles podiam proteger, e de fato se acreditava que o fizessem, as vidas de seus proprietários contra os caprichos da sorte, de outra forma incontroláveis. Sendo a segurança a longo prazo o principal propósito e o maior valor, os bens adquiridos não se destinavam ao consumo imediato – pelo contrário, deviam ser protegidos da depreciação ou dispersão e permanecer intactos. Tal como as muralhas maciças de uma cidade fortificada se destinavam a defender seus habitantes dos perigos incalculáveis e indizíveis supostamente emboscados na imensidão do lado de fora, eles deviam ser resguardados do desgaste e da possibilidade de caírem prematuramente em desuso.

Na era sólido-moderna da sociedade de produtores, a satisfação parecia de fato residir, acima de tudo, na promessa de segurança a longo prazo, não no desfrute imediato de prazeres. Essa outra satisfação, se alguém se entregasse a ela, deixaria o sabor amargo da imprevidência, se não do pecado. A utilização, no todo ou em parte, do potencial dos bens de consumo para oferecer conforto e segurança precisava ser adiada, quase indefinidamente, no caso de terem deixado de realizar a principal função na mente de seu dono quando foram, de maneira laboriosa, montados, acumulados e estocados – ou seja, a função de continuar em serviço enquanto pudesse surgir a necessidade de usá-los (praticamente "até que a morte nos separe"). Apenas bens de fato duráveis, resistentes e imunes ao tempo poderiam oferecer a segurança desejada. Só esses bens tinham a propensão, ou ao menos a chance, de crescer em volume, e não diminuir – e só eles prometiam basear as expectativas de um futuro seguro em alicerces mais duráveis e confiáveis, apresentando seus donos como dignos de confiança e crédito.

Na época em que Thorstein Veblen o descreveu com vivacidade, no começo do século XX, o "consumo ostensivo" portava um significado bem distinto do atual: consistia na exibição pública de riqueza com ênfase em sua solidez e durabilidade, não em uma demonstração da facilidade com que prazeres imediatos podem ser extraídos de riquezas adquiridas, sendo pronta e plenamente usadas, digeridas e saboreadas, ou removidas e destruídas ao estilo *potlatch*.* Os lucros e benefícios da exibição

---

* Festa dos indígenas norte-americanos em que há farta distribuição – e também destruição – de presentes. (N.T.)

aumentavam de maneira proporcional ao grau de solidez, permanência e indestrutibilidade evidente nos bens exibidos. Metais nobres e joias preciosas, objetos favoritos de exibição, não iriam oxidar e perder o brilho, sendo resistentes aos poderes destrutivos do tempo; graças a essas qualidades, representavam a permanência e a confiabilidade contínua.

As mesmas propriedades também eram transmitidas pelos pesados cofres de aço em que eram guardadas as jóias entre as periódicas exibições públicas, da mesma forma que as minas, torres de petróleo, fábricas e ferrovias que permitiam o suprimento constante de rubis e diamantes e os protegiam do perigo de serem vendidos ou empenhados, e pelos palácios ornamentados, no interior dos quais os proprietários das jóias convidavam seus convivas a admirá-las de perto – e com inveja. Eles eram tão duradouros quanto se desejava e esperava que fosse a posição social, herdada ou adquirida, que representavam.

Tudo isso fazia sentido na sociedade sólido-moderna de *produtores* – uma sociedade, permitam-me repetir, que apostava na prudência e na circunspecção a longo prazo, na durabilidade e na segurança, e sobretudo na segurança durável de longo prazo. Mas o desejo humano de segurança e os sonhos de um "Estado estável" definitivo não se ajustam a uma sociedade de *consumidores*. No caminho que conduz a esta, o desejo humano de estabilidade deve se transformar, e de fato se transforma, de principal ativo do sistema em seu maior risco, quem sabe até potencialmente fatal, uma causa de disrupção ou mau funcionamento. Dificilmente poderia ser de outro jeito, já que o consumismo, em aguda oposição às formas de vida precedentes, associa a felicidade não tanto à *satisfação* de necessidades (como suas "versões oficiais" tendem a deixar implícito), mas a um *volume e uma intensidade de desejos sempre crescentes*, o que por sua vez implica o uso imediato e a rápida substituição dos objetos destinados a satisfazê-la. Ele combina, como Don Slater identificou com precisão, a insaciabilidade dos desejos com a urgência e o imperativo de "sempre procurar mercadorias para se satisfazer".[4]

Novas necessidades exigem novas mercadorias, que por sua vez exigem novas necessidades e desejos; o advento do consumismo augura uma era de "obsolescência embutida" dos bens oferecidos no mercado e assinala um aumento espetacular na indústria da remoção do lixo.

A instabilidade dos desejos e a insaciabilidade das necessidades, assim como a resultante tendência ao consumo instantâneo e à remoção, também instantânea, de seus objetos, harmonizam-se bem com a nova liquidez do ambiente em que as atividades existenciais foram inscritas e tendem a ser conduzidas no futuro previsível. Um ambiente líquido-moderno é inóspito ao planejamento, investimento e armazenamento de longo prazo. De fato, ele tira do adiamento da satisfação seu antigo sentido de prudência, circunspecção e, acima de tudo, razoabilidade. A maioria dos bens valiosos perde seu brilho e sua atração com rapidez, e se houver atraso eles podem se tornar adequados apenas para o depósito de lixo, antes mesmo de terem sido desfrutados. E quando graus de mobilidade e a capacidade de obter uma chance fugaz na corrida se tornam fatores importantes no que se refere à posição e ao respeito, bens volumosos mais parecem um lastro irritante do que uma carga preciosa.

Stephen Bertman cunhou os termos "cultura agorista"* e "cultura apressada" para denotar a maneira como vivemos em nosso tipo de sociedade.[5] Termos de fato adequados, que se tornam particularmente úteis sempre que tentamos apreender a natureza do fenômeno líquido-moderno do consumismo. Podemos dizer que o consumismo líquido-moderno é notável, mais do que por qualquer outra coisa, pela (até agora singular) *renegociação do significado do tempo*.

Tal como experimentado por seus membros, o tempo na sociedade líquido-moderna de consumidores não é cíclico nem linear, como costumava ser para os membros de outras sociedades. Em vez disso, para usar a metáfora de Michel Maffesoli, ele é *pon-*

---

* No original, "*nowist culture*". (N.T.)

tilhista[6] – ou, para empregar o termo quase sinônimo de Nicole Aubert, um tempo *pontuado*,[7] marcado tanto (se não mais) pela profusão de *rupturas* e *descontinuidades*, por intervalos que separam pontos sucessivos e rompem os vínculos entre eles, quanto pelo conteúdo específico desses pontos. O tempo pontilhista é mais proeminente por sua inconsistência e falta de coesão do que por seus elementos de continuidade e constância; nessa espécie de tempo, qualquer continuidade ou lógica causal capaz de conectar pontos sucessivos tende a ser inferida e/ou construída na extremidade final da busca retrospectiva por inteligibilidade e ordem, estando em geral conspicuamente ausente entre os motivos que estimulam o movimento dos atores entre os pontos. O tempo pontilhista é fragmentado, ou mesmo pulverizado, numa multiplicidade de "instantes eternos" – eventos, incidentes, acidentes, aventuras, episódios –, mônadas contidas em si mesmas, parcelas distintas, cada qual reduzida a um ponto cada vez mais próximo de seu ideal geométrico de não dimensionalidade.

Como aprendemos nas aulas de geometria euclidiana, os pontos não têm largura, comprimento ou profundidade: existem, somos tentados a dizer, *antes* do espaço e do tempo; num universo de pontos, espaço e tempo ainda estão para começar. Mas como também sabemos, a partir dos especialistas em cosmologia, esses pontos não espaciais e não temporais podem conter um potencial infinito para se expandir e uma infinidade de possibilidades esperando para explodir – tal como testemunhado (a acreditar nos postulados da cosmogonia de ponta) pelo ponto seminal anterior ao big-bang que deu início ao Universo do espaço/tempo. Para usar a vívida imagem de Maffesoli, hoje em dia "a ideia de Deus é recapitulada num eterno presente que encapsula simultaneamente o passado e o futuro. ... A vida, seja individual ou social, não passa de uma sucessão de presentes, uma coleção de instantes experimentados com intensidades variadas".[8]

Hoje se acredita que cada ponto do tempo seja impregnado da possibilidade de um outro big-bang, e que pontos sucessivos também o sejam, não importando o que tenha acontecido aos anteriores e a despeito da experiência acumulada de forma contínua que mostra que a maioria das chances tende a ser prevista de maneira errônea ou perdida, enquanto a maioria dos pontos se mostra estéril e a maior parte dos movimentos, natimorta. Um mapa da vida pontilhista, se fosse desenhado, apresentaria uma estranha semelhança com um cemitério de possibilidades imaginárias, fantasiosas ou amplamente negligenciadas e irrealizadas. Ou, dependendo do ponto de vista, sugeriria um cemitério de oportunidades desperdiçadas: num universo pontilhista, as taxas de mortalidade infantil das esperanças, assim como as de aborto natural ou provocado, são muito elevadas.

No modelo de tempo pontilhista, não há espaço para a ideia de "progresso" como o leito vazio de um rio sendo lenta mas continuamente preenchido pelos esforços humanos; ou de esforços humanos resultando em um edifício cada vez mais elegante e elevado, subindo dos alicerces ao teto, andar por andar, cada qual erigido com segurança sobre o que foi construído anteriormente, até o momento em que o topo é coroado com uma grinalda de flores para assinalar o término de um longo e diligente esforço. Essa imagem é substituída pela crença de que (para citar a declaração de Franz Rosenzweig, que pretendia ser um chamado às armas quando ele a rascunhou no início da década de 1920, mas que parece mais uma profecia quando lida agora no começo do século XXI) o objetivo ideal "pode e deve ser alcançado, talvez no momento seguinte, ou mesmo neste exato momento".[9] Ou, como observado na recente releitura que Michael Löwy fez da reinterpretação de Walter Benjamin sobre a visão moderna do processo histórico, a ideia do "tempo da necessidade" foi substituída pelo conceito de "tempo de possibilidades, tempo aleatório, aberto em qualquer momento ao imprevisível irromper do novo, ... uma concepção da história como processo aberto, não determinado previamente, no qual surpresas, golpes inesperados de boa sorte e oportunidades imprevistas podem aparecer a qualquer instante".[10] Cada momento, diria Benjamin, tem suas potencialidades revolucionárias. Ou, agora nas próprias palavras dele, ecoando o vocabulário dos antigos profetas hebreus, "cada segundo é o pequeno portal do tempo pelo qual pode vir o Messias".[11]

Com o sinistro poder de previsão que era sua marca registrada, Siegfried Kracauer sugeriu que a iminente transformação do tempo seguiria as linhas exploradas por Marcel Proust em seu monumental estudo do tempo passado e de sua existência póstuma. Proust, como observa Kracauer, desenfatizou radicalmente a cronologia.

> Com ele, parece, a história não é em absoluto um processo, mas uma miscelânea de mudanças caleidoscópicas – algo como nuvens que se juntam e se dispersam de maneira aleatória. ... Não existe um fluxo do tempo. O que de fato existe é uma sucessão descontínua e casual de situações, ou mundos, ou períodos, que, no caso do próprio Proust, deve ser imaginada como projeções ou contrapartidas dos eus em que seu ser – mas teremos razão em presumir um idêntico ser interior? – sucessivamente se transforma. ... Cada situação é uma entidade por direito próprio, que não pode ser derivada das anteriores.[12]

A aparência de um "telos", de um destino pré-selecionado ou preordenado, só pode emergir em retrospecto, bem depois de a série de "entidades por direito próprio" ter percorrido o seu curso. Não há como saber que tipo de lógica, se é que há algum, colocaria essas "entidades" lado a lado nessa ordem, e não em outra bastante diferente. O que mais possa vir a ser essa lógica construída em retrospectiva, não deve, contudo, ser percebida como produto de um plano/projeto preconcebido e uma trajetória de ação motivada. Podemos dizer que a expressão "consequência imprevista", atualmente na moda, é inapropriada, uma vez que o prefixo "im" como qualificativo de "prevista" sugere que o fenômeno é um caso de anormalidade, uma fuga à norma. Mas a natureza imprevista das consequências das ações *é a norma*, enquanto uma superposição das intenções por trás das ações e de seus efeitos é que poderia se adequar melhor à ideia de *exceção*, acidente ou evento anômalo. No caso de Proust, Kracauer aponta de modo enfático:

> Ao final do romance, Marcel, que então se torna o próprio Proust, descobre que tudo em seus eus anteriores desconectados eram na verdade fases ou estações de um caminho que ele havia percorrido sem o saber. Só agora, em retrospecto, reconhece ele que esse caminho pelo tempo tinha um destino; que ele serviu ao único propósito de prepará-lo para sua vocação como artista.

Observemos, porém, que a súbita revelação (nascimento) de um sentido que a cadeia de momentos passados carregava (embora deixasse de o revelar aos que estavam dentro, ou o mantivesse oculto destes) também ocorreu numa "situação", num outro "momento" semelhante àqueles outros do passado – ainda que, ao que parece, um momento mais avançado no processo (sub-reptício) de "amadurecimento" (imprevisto e inobservado), mais próximo do ponto do desenredamento explosivo do significado oculto das coisas do que dos momentos que o precederam. Observemos também que, agora como antes, não houve uma advertência antecipada de que este momento, diferentemente de outros anteriores ou posteriores, poderia ser o da verdade, do nascimento (revelação) do sentido – não havia como dizer que ele chegaria até que chegou. Nada em toda a narrativa de Proust, com seus milhares de páginas, sugeriu que chegaria...

Nas *pinturas* pontilhistas de Sisley, Signac ou Seurrat, assim como em algumas pinturas de Pissarro ou Utrillo, os pontos coloridos foram organizados em figurações dotadas de significado: quando o pintor termina sua tela, os observadores podem ver árvores, nuvens, relvas, praias arenosas, banhistas prontos para mergulhar no rio. No *tempo* pontilhista, é tarefa de cada "praticante da vida" organizar os pontos em configurações dotadas de significado. De maneira distinta das obras dos pintores pontilhistas, isso é feito, como regra, com o benefício da visão retrospectiva. As configurações tendem a ser descobertas em retrospecto; dificilmente são desenhadas primeiro – e, se o são, os pincéis com que os borrões coloridos são transpostos dos mapas mentais para as telas raras vezes são, se é que chegam a ser, tão obedientes aos olhos e às mãos dos "praticantes da vida" como o foram para os grandes praticantes das artes visuais.

É exatamente por essas razões que a vida "agorista" tende a ser "apressada". A oportunidade que cada ponto pode conter vai segui-lo até o túmulo; para aquela oportunidade única não haverá "segunda chance". Cada ponto pode ter sido vivido como um começo total e verdadeiramente novo, mas se não houve um rápido e determinado estímulo à ação instantânea, a cortina pode ter caído logo após o começo do ato, com pouca coisa acontecendo no intervalo. A demora é o *serial killer* das oportunidades.

A prudência sugere que, para qualquer pessoa que deseja agarrar uma chance sem perder tempo, nenhuma velocidade é alta demais; qualquer hesitação é desaconselhada, já que a pena é pesada. Como a ignorância sobre o que é o que com certeza persistirá até que o poder de cada momento tenha sido plenamente testado, só uma urgência que elimine qualquer interrupção pode – e apenas pode – contrabalançar a profusão de despertares e inícios falsos. Uma vez que se acredita que extensas áreas prontas para novos começos se espalham à frente, com uma multiplicidade de pontos cujo potencial, ainda não testado, para um "big-bang" nada perdeu de seu mistério, e portanto não foi (até agora) desacreditado, a esperança ainda pode ser salva dos destroços de finais prematuros ou inícios natimortos.

Sim, é verdade que na vida "agorista" dos cidadãos da era consumista o motivo da pressa é, em parte, o impulso de *adquirir* e *juntar*. Mas o motivo mais premente que torna a pressa de fato imperativa é a necessidade de *descartar* e *substituir*. Estar sobrecarregado com uma bagagem pesada, em particular o tipo de bagagem pesada que se hesita em abandonar por apego sentimental ou um imprudente juramento de lealdade, reduziria a zero as chances de sucesso. "Não se deve chorar sobre o leite derramado", é a mensagem latente por trás de cada comercial que promete uma nova e inexplorada oportunidade de felicidade. Ou um big-bang acontece agora, neste exato momento da primeira tentativa, ou se deter nesse ponto particular não faz mais sentido e é uma boa hora de deixá-lo para trás e ir até um outro. Como local para um big-bang, cada ponto-tempo se esvai assim que aparece.

Na sociedade de produtores, a advertência que provavelmente mais se ouvia depois de um falso começo ou uma tentativa fracassada era "tente outra vez, mas agora de modo mais árduo, com mais destreza e dedicação" – mas não na sociedade de consumidores. Aqui, as ferramentas que falharam devem ser abandonadas, e não afiadas para serem utilizadas de novo, agora com mais habilidade, dedicação e, portanto, com melhor efeito. Assim, quando os objetos dos desejos de ontem e os antigos investimentos da esperança quebram a promessa e deixam de proporcionar a esperada satisfação instantânea e completa, eles devem ser abandonados – junto com os relacionamentos que proporcionaram um "bang" não tão "big" quanto se esperava. A pressa deve ser mais intensa quando se está correndo de um momento (fracassado, por fracassar ou suspeito de fracasso) para outro (ainda não testado). Deve-se ter em mente a amarga lição de Fausto, condenado à eternidade no inferno no exato momento que ele queria que durasse para sempre, por ser tão agradável. Na cultura "agorista", querer que o tempo pare é sintoma de estupidez, preguiça ou inépcia. Também é crime passível de punição.

A economia consumista se alimenta do movimento das mercadorias e é considerada em alta quando o dinheiro mais muda de mãos; e sempre que isso acontece, alguns produtos de consumo estão viajando para o depósito de lixo. Numa sociedade de consumidores, de maneira correspondente, a busca da felicidade – o propósito mais invocado e usado como isca nas campanhas de marketing destinadas a reforçar a disposição dos consumidores para se separarem de seu dinheiro (ganho ou que se espera ganhar) – tende a ser redirecionada do *fazer* coisas ou de sua *apropriação* (sem mencionar seu armazenamento) para sua *remoção* – exatamente do que se precisa para fazer crescer o PIB. Para a economia consumista, o foco anterior, hoje quase abandonado, prenuncia a pior das preocupações: a estagnação, suspensão ou desgaste do ardor de comprar. O segundo foco, contudo, traz um bom prognóstico: outra rodada de compras. A menos que complementado pelo impulso de se desfazer e se descartar, o impulso da mera aquisição e posse armazenaria problemas para o futuro. Os consumidores da sociedade consumista precisam seguir os curiosos hábitos dos habitantes de Leonia, uma das cidades invisíveis de Italo Calvino:

> Não é tanto pelas coisas que a cada dia são manufaturadas, vendidas e compradas que se pode avaliar a opulência de Leonia, mas sim pelas coisas que a cada dia são jogadas fora a fim de abrir espaço para as novas. E assim você começa a imaginar se a verdadeira paixão de Leonia é realmente, como eles dizem, o desfrute de coisas novas e diferentes, e não, em vez disso, o prazer de expelir, descartar, limpar-se da impureza recorrente.[13]

As grandes empresas especializadas na venda de "bens duráveis" já aceitaram a ideia e admitem que o serviço de fato escasso, e portanto mais ardentemente ambicionado e valorizado, é o "trabalho de limpeza". Sua urgência aumenta de maneira proporcional ao crescimento de aquisições e posses. Hoje em dia, raras vezes as empresas cobram os clientes pela *entrega*, mas cada vez mais adicionam à conta uma soma pesada referente à *remoção* dos bens "duráveis" que o aparecimento de novos e aperfeiçoados bens também "duráveis" converteu de fonte de prazer e orgulho em monstruosidade e estigma de vergonha. Livrar-se desse estigma condiciona a felicidade. E a felicidade, como todos devem concordar, precisa ser paga. Imaginem só o custo de acondicionamento do lixo em trânsito no Reino Unido, cujo volume, como relata Lucy Siegle, logo ultrapassará a marca de 1,5 milhão de toneladas.[14]

As grandes empresas especializadas em "*skin trades*", ou seja, que vendem serviços pessoais focalizados nos corpos dos clientes, seguem esse padrão. O que anunciam com mais avidez e vendem com maiores lucros é o serviço de excisão, remoção e descarte: de gordura corporal, rugas faciais, acne, odores corporais, depressão pós-isso ou pós-aquilo, dos montes de fluidos misteriosos ainda sem nome ou então dos restos indigestos de antigos banquetes que se estabeleceram dentro do corpo de forma ilegítima e não sairão a menos que extraídos à força.

Quanto às grandes empresas especializadas em aproximar pessoas, como o serviço de encontros pela internet da AOL, elas tendem a realçar a facilidade com que seus clientes, se (mas é claro que *apenas* se) usarem os serviços que elas oferecem, podem se ver livres de parceiros indesejados ou evitar que seus acompanhantes abusem da hospitalidade e fiquem mais tempo do que deveriam. Ao oferecerem serviços de intermediação, as empresas em questão enfatizam que a experiência de um encontro on-line é segura – ao mesmo tempo em que advertem que "se você se sentir desconfortável em relação a um membro, pare de conectá-lo. Você pode bloqueá-lo de modo a evitar mensagens indesejadas". A AOL fornece uma longa lista dessas "dicas para um encontro off-line seguro".

Para atender a todas essas novas necessidades, impulsos, compulsões e vícios, assim como oferecer novos mecanismos de motivação, orientação e monitoramento da conduta humana, a economia consumista tem de se basear no *excesso* e no *desperdício*. A possibilidade de conter e assimilar a massa de inovações que se expande de modo incessante está ficando cada vez mais reduzida – talvez até nebulosa. Isso porque, para manter em curso a economia consumista, o ritmo de aumento do já enorme volume de novidades tende a ultrapassar qualquer meta estabelecida de acordo com a demanda já registrada.

Na economia consumista, a regra é que primeiro os produtos apareçam (sendo inventados, descobertos por acaso ou planejados pelas agências de pesquisa e desenvolvimento), para só depois encontrar suas aplicações. Muitos deles, talvez a maioria, viajam com rapidez para o depósito de lixo, não conseguindo encontrar clientes interessados, ou até antes de começarem a tentar. Mas mesmo os poucos felizardos que conseguem encontrar ou invocar uma necessidade, desejo ou vontade cuja satisfação possam demonstrar ser relevante (ou ter a possibilidade de) logo tendem a sucumbir às pressões de outros produtos "novos e aperfeiçoados" (ou seja, que prometem fazer tudo que os outros podiam fazer, só que melhor e mais rápido – com o bônus extra de fazer algumas coisas que nenhum consumidor havia até então imaginado necessitar ou adquirir) muito antes de sua capacidade de funcionamento ter chegado ao seu predeterminado fim. A maioria dos aspectos da vida e a maior parte das engenhocas que auxiliam a vida se multiplicam, como assinalou Thomas Hylland Eriksen,[15] a uma *taxa exponencial*. Em todo caso de crescimento exponencial, tende-se a alcançar, mais cedo ou mais tarde, um ponto em que a oferta excede a capacidade de demanda genuína ou inventada; com muita frequência, esse ponto é alcançado antes de outro, ainda mais dramático, aquele em que se atinge o limite natural da oferta.

Essas tendências patológicas (e eminentemente desperdiçadoras) do crescimento exponencial da produção de bens e serviços poderiam ser identificadas a tempo – reconhecidas pelo que são e até inspirar medidas terapêuticas ou preventivas – não fosse outro processo de crescimento exponencial, mas de muitas maneiras particular, que resulta em um *excesso de informação*.

Como calculou Ignacio Ramonet, nos últimos 30 anos se produziu mais informação no mundo do que nos 5 mil anos anteriores: "Um único exemplar da edição dominical do *New York Times* contém mais informação do que a que seria consumida por uma pessoa culta do século XVIII durante toda a vida."[16] Quão difícil é, se não impossível, absorver e assimilar esse volume de informação "disponível" hoje em dia (circunstância que torna a maior parte dela endemicamente desperdiçada, e de fato natimorta) é algo que podemos imaginar, por exemplo, a partir da observação de Eriksen de que "mais da metade de todos os artigos publicados nas revistas de ciências sociais jamais são citados";[17] isso sugere que mais da metade da informação produzida pela pesquisa nunca é lida, a não ser pelos anônimos "comentaristas" e editores de texto. E permitam-me acrescentar que, como um bom número de autores acadêmicos inclui em suas referências textos que nunca leu (o sistema de referenciamento mais amplamente usado por periódicos acadêmicos, e endossado por autoridades da área, não exige engajamento com a substância do texto referido e leva na prática a citar autores importantes a fim de impressionar o leitor, o que sanciona e facilita bastante tal procedimento), pode-se calcular como é pequena a fração do conteúdo dos artigos que consegue achar seu caminho até o discurso social-científico, para não dizer influenciar sua direção de maneira tangível.

"Há informação demais por aí", conclui Eriksen.[18] "Uma habilidade fundamental na sociedade de informação consiste em se proteger dos 99,99% de informações oferecidas que são indesejadas." Podemos dizer que a linha divisória entre a mensagem importante, aparente objeto da comunicação, e o ruído de fundo, seu reconhecido adversário e obstáculo mais nocivo, foi quase removida.

Na acirrada competição pelo mais escasso dos recursos – a atenção de potenciais consumidores –, os fornecedores de pretensos bens de consumo, incluindo os de informação, buscam desesperadamente sobras não cultivadas do tempo dos consumidores, qualquer brecha entre momentos de consumo que possa ser preenchida com mais informação. Esperam que alguma parcela da multidão anônima situada na extremidade receptora do canal de comunicação, no curso de suas buscas desesperadas pelas informações de que necessitam, acabe cruzando por acaso com informações das quais não precisa, mas que os fornecedores desejam que absorva, e depois fique impressionada o bastante ou apenas cansada a ponto de fazer uma pausa ou reduzir sua velocidade pelo tempo necessário para absorvê-las *in lieu* daquelas que originalmente procurava. Por conseguinte, recolher fragmentos do ruído e convertê-los em mensagens com significado se torna um processo aleatório. Os "*hypes*",* esses produtos da indústria de relações públicas destinados a separar os objetos de atenção desejáveis (leia-se: lucrativos) do ruído improdutivo (não lucrativo) – como a página inteira de comerciais anunciando a estreia de um novo filme ou produção teatral, o lançamento de um livro, a transmissão de um programa de TV com grande número de patrocinadores ou a abertura de uma exposição –, focalizam por alguns minutos ou dias um objeto ardorosamente desejado. Por um breve momento, conseguem desviar, canalizar e condensar a busca por "filtros", que é ardorosa e contínua, mas em geral não orientada e dispersa, e após esse curto intervalo ela tende a prosseguir de maneira inexorável.

Já que o número de competidores que disputam um naco da atenção dos potenciais consumidores também está crescendo de modo exponencial, a tarefa de filtrar extrapola a capacidade dos filtros tão logo sejam inventados e antes de serem postos em operação. Daí o fenômeno cada vez mais comum do "empilhamento vertical", noção cunhada por Bill Martin para descrever o impressionante armazenamento de modismos musicais à medida que os promotores de novidades lutam febrilmente para ampliar além do possível a capacidade de absorção dos compradores do "mercado musical", uma vez que as poucas áreas vagas desse "mercado" ficam cheias até as bordas em virtude da maré sempre crescente de ofertas novas e recicladas. Martin sugere que, no caso da música popular, as imagens de "tempo linear" e "progresso" estão entre as principais vítimas do fluxo de informação.[19] Contando com a curta expectativa de vida da memória do

---

* Palavra da moda, *hype* significa: a) divulgação excessiva e a comoção por ela provocada; b) afirmações exageradas ou extravagantes contidas em material publicitário ou promocional; c) peça publicitária ou promocional; d) algo propositadamente enganoso. (N.T.)

público e fantasiados de última novidade, todos os estilos retrô imagináveis, ao lado de todas as formas concebíveis de reformar, reciclar e plagiar, veem-se amontoados no único e limitado espaço da atenção dos fãs de música.

Mas o caso da música popular é apenas a manifestação de uma tendência virtualmente universal que afeta em igual medida todas as áreas da vida atendidas pela indústria de consumo. Vejamos, mais uma vez, o que Eriksen diz a respeito:

Em vez de um conhecimento organizado em fileiras ordenadas, a sociedade de informação oferece cascatas de signos descontextualizados conectados uns aos outros de maneira mais ou menos aleatória. ... Apresentado de outra maneira, quando volumes crescentes de informação são distribuídos a uma velocidade cada vez maior, torna-se mais difícil criar narrativas, ordens, sequências de desenvolvimento. Os fragmentos ameaçam se tornar hegemônicos. Isso tem consequências sobre as formas como nos relacionamos com o conhecimento, o trabalho e o estilo de vida em um sentido amplo.[20]

A tendência a assumir uma "atitude *blasé*" em relação ao conhecimento, ao trabalho ou ao estilo de vida (na verdade, em relação à vida e tudo que ela contém) já foi observada por Georg Simmel, com notável presciência, no começo do século passado como tendo aparecido pela primeira vez entre os habitantes da "metrópole", a esparramada, imensa e apinhada cidade moderna:

A essência da atitude *blasé* consiste no entorpecimento do poder de diferenciação. Isso não significa que os objetos não sejam percebidos, como no caso da estupidez, mas sim que os valores significativos e diferenciais das coisas, e portanto as próprias coisas, são vivenciados como imateriais. Eles se mostram à pessoa *blasé* num tom uniformemente cinza e monótono; nenhum objeto tem preferência sobre qualquer outro. ... Todas as coisas flutuam com igual gravidade específica na corrente constante do dinheiro.[21]

Um fenômeno cada vez mais destacado, muito semelhante ao que foi descoberto e analisado por Simmel sob o nome de

"atitude *blasé*", algo como uma versão madura e plenamente desenvolvida da tendência detectada e registrada em seu estágio
inicial, inexperiente e incipiente por esse pensador singularmente perspicaz, é discutido hoje em dia sob o nome de "melancolia". Autores habilitados a usar o termo tendem a passar ao largo
do presságio e do pressentimento de Simmel, e vão muito mais
atrás, até o ponto em que os antigos, como Aristóteles, o deixaram, e onde os pensadores da Renascença, como Ficino ou Milton,
redescobriram-no e reexaminaram-no. Na versão de Rolland
Munro, o conceito de "melancolia" em seu uso atual "representa
não tanto um estado de indecisão, uma hesitação entre seguir
um ou outro caminho, mas um recuo em relação às próprias divisões". Ele representa um "desenredamento" em relação a "estar
atado a qualquer coisa específica". Ser "melancólico" é "sentir a
infinidade da conexão mas não estar engatado em coisa alguma".
Em suma, "melancolia" se refere a "uma forma sem conteúdo,
uma recusa a saber só *isso* ou só *aquilo*".[22]

Sugiro que a ideia de "melancolia" representa, em última
instância, a aflição genérica do consumidor (o *Homo eligens*, por
decreto da sociedade de consumo); um distúrbio resultante do
encontro fatal entre a obrigação e a compulsão de escolher/o vício da escolha e a incapacidade de fazer essa opção. No vocabulário de Simmel, ela representa a transitoriedade embutida e a
imaterialidade inventada dos objetos que flutuam à deriva, afun-
dam e reemergem com a maré crescente do estímulo. Representa
a imaterialidade que se estabelece no código comportamental
como um glutão indiscriminado e onívoro – a forma derradeira e
mais radical de estratégia de vida usada em último caso, evitando
apostas num ambiente existencial marcado pela "pontilhização"
do tempo e pela indisponibilidade de critérios fidedignos capazes de separar o relevante do irrelevante e a mensagem do ruído.

Que os seres humanos sempre preferiram a felicidade à infelicidade é uma observação banal, um pleonasmo, já que o conceito
de "felicidade" em seu uso mais comum diz respeito a estados ou

eventos que as pessoas desejam que aconteçam, enquanto a "infelicidade" representa estados ou eventos que elas querem evitar. Os dois conceitos assinalam a distância entre a realidade tal como ela é e uma realidade desejada. Por essa razão, quaisquer tentativas de comparar graus de felicidade experimentados por pessoas que adotam modos de vida distintos em relação ao ponto de vista espacial ou temporal só podem ser mal-interpretadas e, em última análise, inúteis.

Na verdade, se o povo A passou sua vida em um ambiente sociocultural diferente daquele em que viveu o povo B, seria inútil ou arrogante afirmar que A ou B era "mais feliz". Os sentimentos de felicidade ou sua ausência derivam de esperanças e expectativas, assim como de hábitos aprendidos, e tudo isso tende a diferir de um ambiente social para outro. Assim, uma comida saborosa apreciada pelo povo A pode ser considerada repulsiva e venenosa pelo povo B. Da mesma maneira, as condições reconhecidamente capazes de tornar feliz o povo A poderiam deixar o povo B bastante infeliz e vice-versa. E, como sabemos graças a Freud, embora o súbito fim de uma dor de dente possa fazer o sofredor sentir-se maravilhosamente feliz, dentes que não estivessem doendo dificilmente causariam o mesmo efeito. O melhor que se pode esperar de comparações que carregam a culpa de ignorar o fator da experiência não compartilhada são informações sobre a seletividade e a natureza temporal ou local da propensão à queixa e da tolerância ao sofrimento.

Se a revolução consumista líquido-moderna tornou as pessoas mais ou menos felizes do que, digamos, aquelas que passaram suas vidas na sociedade sólido-moderna dos produtores, ou na era pré-moderna, é uma questão tão controversa (e, em última instância, conflituosa) quanto possível, e muito provavelmente continuará assim para sempre. Seja qual for a avaliação, só parecerá convincente no contexto das preferências específicas dos *avaliadores*, e dos limites de sua imaginação. Registros de bênçãos e maldições com certeza seriam compostos segundo as noções de felicidade e desgraça predominantes na época em que se faz o inventário das coisas de que se sofre e daquelas que se espera que tragam felicidade.

As posições, experiências, perspectivas cognitivas e preferências de valor de avaliadores e avaliados tendem a estar dupla e inescapavelmente fora de ordem, lançando dúvidas sobre qualquer possibilidade de uma visão uniforme. Os avaliadores nunca *viveram* (não basta uma breve visita, mantendo durante a viagem o status especial de visitantes/turistas) nas condições que são normais para os avaliados – enquanto estes nunca teriam a oportunidade de reagir à avaliação e, mesmo que tivessem (postumamente), jamais poderiam avaliar as virtudes relativas de um ambiente totalmente estranho e do qual não tiveram experiência em primeira mão.

As avaliações que se ouve ou se lê sobre as relativas vantagens (frequentes) e desvantagens (raras) da capacidade da sociedade de consumidores de gerar felicidade são, portanto, desprovidas de valor cognitivo (exceto quando tratadas como *insights* dos valores declarados ou implícitos de seus autores), de modo que é bom evitar as avaliações comparativas. Em vez disso, deve-se concentrar nos dados que possam lançar alguma luz sobre a capacidade dessa sociedade de cumprir a promessa que *ela mesma* faz – em outras palavras, em julgar seu desempenho pelos valores que *ela própria* promove ao mesmo tempo em que promete facilitar a aquisição dos mesmos.

O valor mais característico da sociedade de consumidores, na verdade seu valor supremo, em relação ao qual todos os outros são instados a justificar seu mérito, é uma vida feliz. A sociedade de consumidores talvez seja a única na história humana a prometer felicidade na *vida terrena*, *aqui e agora* e a cada "agora" sucessivo. Em suma, uma felicidade *instantânea* e *perpétua*. Também é a única sociedade que evita *justificar* e/ou *legitimar* qualquer espécie de infelicidade (exceto a dor infligida aos criminosos como "justa recompensa" por seus crimes), que *recusa-se* a tolerá-la e a apresenta como uma *abominação* que merece punição e compensação. De fato, como no *Telème* de Rabelais ou no *Erewhon* de Samuel Butler, também na sociedade de consumidores a infelicidade é crime passível de punição, ou no mínimo um desvio pecaminoso que desqualifica seu portador como membro autêntico da sociedade.

Quando se apresenta a pergunta "Você é feliz?" aos membros de uma sociedade líquido-moderna de consumidores, seu status é, portanto, profundamente distinto da mesma pergunta quando dirigida a membros de sociedades que não fizeram uma promessa nem firmaram um compromisso semelhantes. A sociedade de consumidores é avaliada, para o bem ou para o mal, pela felicidade de seus membros – em um grau desconhecido e dificilmente compreensível a qualquer outra sociedade de que se tem registro. As respostas à pergunta "Você é feliz?" dadas por membros da sociedade de consumidores podem, de maneira legítima, ser vistas como o teste maior de seu sucesso e fracasso. E o veredicto insinuado por tais respostas, recolhidas em grande número de levantamentos realizados em diversos países, não é nada lisonjeiro. Por dois motivos.

Primeiro: como indicam as evidências recolhidas por Richard Layard em seu livro sobre a felicidade, é só até certo patamar que o sentimento relatado de ser feliz cresce de acordo com os incrementos de renda. Esse patamar coincide com o ponto de satisfação das "necessidades de sobrevivência" consideradas "essenciais" ou "naturais" – isto é, pelos mesmíssimos motivos de consumo que a sociedade de consumidores repudia e classifica como primitivos, imaturos ou desmedidamente nacionalistas (e de fato em amplo e intrínseco desacordo com a felicidade), e que ela tenta afastar, ou pelo menos marginalizar, substituindo-os por *desejos* mais flexíveis e grandiosos e por *vontades* mais caprichosas e impulsivas. Acima desse patamar bastante modesto, a correlação entre riqueza (e também, pode-se presumir, nível de consumo) e felicidade se esvai. Novos incrementos na renda não aumentam o volume de felicidade.

O que essas descobertas indicam é que, ao contrário da promessa vinda lá do alto e das crenças populares, o consumo não é um sinônimo de felicidade nem uma atividade que sempre provoque sua chegada. O consumo, visto na terminologia de Layard como uma "esteira hedonista", não é uma máquina patenteada para produzir um volume crescente de felicidade. O contrário parece ser válido: como os relatórios coligidos com muito cuidado pelos pesquisadores deixam implícito, entrar numa "esteira hedonista" não faz aumentar a soma total de satisfação de seus praticantes. A capacidade do consumo para aumentar a felicidade é bastante limitada; não pode ser estendida com facilidade para além do nível de satisfação das "necessidades básicas de existência" (distintas das "necessidades do ser" definidas por Abraham Maslow). E com muita frequência o consumo se mostra desafortunado como "fator de felicidade" quando se trata das "necessidades do ser" ou da "autorrealização" de Maslow.

Segundo: não existe qualquer evidência de que, com o crescimento do volume geral (ou "médio") de consumo, o número de pessoas que afirmam que "se sentem felizes" também vá aumentar. Andrew Oswald, do *Financial Times*, insinua que a tendência oposta tem mais probabilidade de ser registrada. Sua conclusão é que os moradores de países prósperos e bastante desenvolvidos, com economias orientadas para o consumo, não se tornaram mais felizes ao ficarem mais ricos.[23] Por outro lado, também se deve notar que os fenômenos e causas negativas do desconforto e da infelicidade, tais como estresse ou depressão, jornadas de trabalho prolongadas e antissociais, relacionamentos deteriorados, falta de autoconfiança e incertezas enervantes sobre estar estabelecido de maneira segura e "ter razão", tendem a crescer em frequência, volume e intensidade.

O argumento apresentado pelo consumo crescente ao pleitear o status de estrada real para a maior felicidade de um número cada vez maior de pessoas ainda não foi comprovado, e muito menos encerrado. O caso permanece em aberto. E à medida que os fatos relevantes são estudados, as evidências em favor do queixoso se tornam mais dúbias e pouco numerosas. Com a continuação do julgamento, as evidências em contrário se acumulam, provando, ou pelo menos indicando fortemente, que, em oposição às alegações do queixoso, uma economia orientada para o consumo promove ativamente a deslealdade, solapa a confiança e aprofunda o sentimento de insegurança, tornando-se ela própria uma fonte do medo que promete curar ou dispersar – o medo que satura a vida líquido-moderna e é a causa principal da variedade líquido-moderna de infelicidade.

A sociedade de consumo tem como base de suas alegações a promessa de satisfazer os desejos humanos em um grau que nenhuma sociedade do passado pôde alcançar, ou mesmo sonhar, mas a promessa de satisfação só permanece sedutora enquanto o desejo continua *insatisfeito*; mais importante ainda, quando o cliente não está "*plenamente* satisfeito" – ou seja, enquanto não se acredita que os desejos que motivaram e colocaram em movimento a busca da satisfação e estimularam experimentos consumistas tenham sido verdadeira e totalmente realizados.

Assim como os "trabalhadores tradicionais" fáceis de satisfazer – que não concordariam em trabalhar mais do que o necessário para garantir a permanência do modo de vida habitual – eram o pesadelo da nascente "sociedade de produtores", da mesma forma os "consumidores tradicionais" – guiados pelas necessidades familiares de ontem, fechando com alegria os olhos e tapando os ouvidos aos afagos do mercado de bens de consumo para poderem seguir suas velhas rotinas e manter seus hábitos – significariam o dobre de finados da sociedade de consumidores, da indústria de consumo e dos mercados de bens. Um baixo patamar para os sonhos, o fácil acesso a produtos suficientes para atingir esse patamar e a crença em limites objetivos, difíceis ou impossíveis de negociar, assim como necessidades "genuínas" e desejos "realistas": são esses os mais temidos adversários da economia orientada para o consumidor e que, portanto, devem ser relegados ao esquecimento. É exatamente a *não satisfação* dos desejos e a convicção inquebrantável, a toda hora renovada e reforçada, de que cada tentativa sucessiva de satisfazê-los fracassou no todo ou em parte que constituem os verdadeiros volantes da economia voltada para o consumidor.

A sociedade de consumo prospera enquanto consegue tornar *perpétua* a *não satisfação* de seus membros (e assim, em seus próprios termos, a infelicidade deles). O método explícito de atingir tal efeito é depreciar e desvalorizar os produtos de consumo logo depois de terem sido promovidos no universo dos desejos dos consumidores. Mas outra forma de fazer o mesmo, e com maior eficácia, permanece quase à sombra e dificilmente é trazida às luzes da ribalta, a não ser por jornalistas investigativos perspicazes: satisfazendo cada necessidade/desejo/vontade de tal maneira que eles só podem dar origem a necessidades/desejos/vontades ainda mais novos. O que começa como um esforço para satisfazer uma necessidade deve se transformar em compulsão ou vício. E assim ocorre, desde que o impulso para buscar soluções de problemas e alívio para dores e ansiedades nas lojas, e apenas nelas, continue sendo um aspecto do comportamento não apenas destinado, mas encorajado com avidez, a se condensar num hábito ou estratégia sem alternativa aparente.

A fenda escancarada entre a promessa e seu cumprimento não é um sinal de defeito nem um efeito colateral da negligência, tampouco resulta de um erro de cálculo. *O domínio da hipocrisia que se estende entre as crenças populares e as realidades das vidas dos consumidores é condição necessária para que a sociedade de consumidores funcione de modo adequado*. Se a busca por realização deve prosseguir e se as novas promessas devem ser atraentes e cativantes, as promessas já feitas devem ser rotineiramente quebradas e as esperanças de realização frustradas com regularidade. Cada uma das promessas *deve* ser enganadora, ou ao menos exagerada. Do contrário, a busca acaba ou o ardor com que é feita (e também sua intensidade) caem abaixo do nível necessário para manter a circulação de mercadorias entre as linhas de montagem, as lojas e as latas de lixo. Sem a repetida frustração dos desejos, a demanda de consumo logo se esgotaria e a economia voltada para o consumidor ficaria sem combustível. É o *excesso* da soma total de promessas que neutraliza a frustração causada pelas imperfeições ou defeitos de cada uma delas e permite que a acumulação de experiências frustrantes não chegue a ponto de solapar a confiança na efetividade essencial dessa busca.

Além de ser um excesso e um desperdício econômico, o consumismo também é, por essa razão, uma *economia do engano*. Ele aposta na *irracionalidade* dos consumidores, e não em suas estimativas sóbrias e bem informadas; estimula *emoções consumistas* e não cultiva a *razão*. Tal como ocorre com o excesso e o desperdício, o engano não é um sinal de problema na economia de consumo. Pelo contrário, é sintoma de sua boa saúde e de que está firme sobre os trilhos, é a marca distintiva do único regime sob o qual a sociedade de consumidores é capaz de assegurar sua sobrevivência.

O descarte de sucessivas ofertas de consumo das quais se esperava (e que prometiam) a satisfação dos desejos já estimulados e de outros ainda a serem induzidos deixa atrás de si montanhas crescentes de expectativas frustradas. A taxa de mortalidade das expectativas é elevada; numa sociedade de consumo funcionando de forma adequada, ela deve estar em crescimento constante. A expectativa de vida das esperanças é minúscula, e só um intenso reforço de sua fertilidade e uma taxa de nascimentos extraordinariamente alta podem evitar que ela se dilua e seja extinta. Para que as expectativas se mantenham vivas e novas esperanças preencham de pronto o vácuo deixado pelas esperanças já desacreditadas e descartadas, o caminho da loja à lata de lixo deve ser encurtado, e a passagem, mais suave.

Outro aspecto crucial da sociedade de consumidores a separa de todos os outros arranjos conhecidos no que diz respeito a "padrões de manutenção" e "administração de tensões" (relembrando os pré-requisitos de Talcott Parsons para um "sistema autoequilibrador") adequados e eficazes, incluindo os mais engenhosos entre eles.

A sociedade de consumidores desenvolveu, a um grau sem precedentes, a capacidade de absorver toda e qualquer discordância que ela mesma, ao lado de outros tipos de sociedade, inevitavelmente produz – e então reciclá-la como fonte importante de sua própria reprodução, revigoramento e expansão.

Ela extrai seu ânimo e seu ímpeto da deslealdade que ela própria produz com perícia. Fornece um excelente exemplo de um processo que Thomas Mathiesen recentemente descreveu como "silenciamento silencioso"[24] – isto é, que "as atitudes e ações que são, em sua origem, transcendentes" – que ameaçam explodir ou implodir o sistema – "são integradas à ordem existente de maneira que os interesses dominantes continuem sendo atendidos. Dessa forma, elas deixam de ameaçar essa ordem". Eu acrescentaria o seguinte: são convertidas em uma das grandes fontes de reforço e reprodução contínua dessa mesma ordem.

A principal maneira pela qual esse efeito é atingido repetidas vezes seria inconcebível, não fosse o ambiente líquido-moderno da sociedade e a cultura de consumo. Esse ambiente tem como característica a desregulamentação e desrotinização da conduta humana, já em estágio avançado, diretamente relacionadas ao enfraquecimento e/ou fragmentação dos vínculos humanos – com frequência referidos como "individualização".[25]

A maior atração de uma vida de compras é a oferta abundante de novos começos e ressurreições (chances de "renascer"). Embora essa oferta possa ser ocasionalmente percebida como fraudulenta e, em última instância, frustrante, a estratégia da atenção contínua à construção e reconstrução da autoidentidade, com a ajuda dos kits identitários fornecidos pelo mercado, continuará sendo a única estratégia plausível ou "razoável" que se pode seguir num ambiente caleidoscopicamente instável no qual "projetos para toda a vida" e planos de longo prazo não são propostas realistas, além de serem vistos como insensatos e desaconselháveis. Ao mesmo tempo, o excesso potencialmente debilitante de informações "objetivamente disponíveis" a respeito da capacidade da mente para absorver e reciclar resulta no excesso constante de opções de vida em relação ao número de reencarnações testadas na prática e abertas a exame e avaliação.

A estratégia de vida de um consumidor habilitado e experiente envolve visões de "novos alvoreceres"; mas, seguindo a metáfora usada pelo então estudante Karl Marx, essas visões são atraídas como mariposas pelas luzes das lâmpadas domésticas, e não pelo brilho do Sol universal agora oculto por trás do horizonte. Numa sociedade líquido-moderna, as utopias compartilham a sorte de todos os outros empreendimentos coletivos que exigem solidariedade e cooperação: são privatizadas e entregues ("terceirizadas") aos interesses e à responsabilidade de indivíduos. O que está conspicuamente ausente das visões de novos alvoreceres é uma mudança de cenário: é só a posição individual do observador, e portanto sua chance de desfrutar as maravilhas e os encantos da paisagem, ao mesmo tempo em que escapa de quaisquer visões menos atraentes ou até repulsivas e repelentes, que se espera serem alteradas e – com toda a certeza – "melhoradas".

Em um livro bastante lido e muito influente 20 anos atrás, Colette Dowling declarou que o desejo de sentir-se seguro, querido e cuidado era um "sentimento perigoso".[26] Ela advertiu as Cinderelas da era que se aproximava a tomarem cuidado para não caírem nessa armadilha. O impulso de se preocupar com os outros e o desejo de que os outros se preocupem conosco, insistiu ela, aumenta o perigo aterrador da dependência, de perder a capacidade de selecionar a onda mais favorável para surfar no momento e o processo de pular rapidamente de uma onda para outra no instante em que ocorre uma mudança de direção. Como Arlie Russell Hochschild comentou, "seu medo de ser dependente de outra pessoa evoca a imagem do caubói norte-americano, sozinho, isolado, vagando livremente com seu cavalo. ... Das cinzas da Cinderela se ergue uma *cowgirl* pós--moderna".[27] O mais popular dos best-sellers de aconselhamento da época "sussurrava ao leitor: 'Que se acautele o investidor emocional.'" Dowling aconselha as mulheres a "investirem no eu como empreendimento-solo". Hochschild observa:

> O espírito comercial da vida íntima é constituído de imagens que preparam o caminho para um paradigma de desconfiança, ... oferecendo como ideal um eu bem defendido do sofrimento. ... Os atos heroicos que um eu pode realizar ... são isolar-se, partir, depender e necessitar menos dos outros. ... Em muitos livros modernos, o autor nos prepara para as pessoas lá fora que não precisam de nossos cuidados e para aquelas que não querem ou não podem nos dar atenção.

A possibilidade de povoar o mundo com gente mais afetuosa e induzir as pessoas a terem mais afeto não figura nos panoramas pintados pela utopia consumista. As utopias privatizadas dos caubóis e *cowgirls* da era consumista mostram, em vez disso, um "espaço livre" (livre para *mim*, é claro) amplamente estendido; um tipo de espaço vazio do qual o consumidor líquido-moderno, inclinado a performances-solo, e apenas a elas, sempre precisa de mais e nunca tem o bastante. O espaço de que os consumidores líquido-modernos necessitam, e que são aconselhados de todos os lados a obter lutando e a defender com unhas e dentes, só pode ser conquistado se expulsando outros seres humanos – em particular os tipos de indivíduos que se preocupam e/ou podem precisar da preocupação dos outros.

O mercado de consumo tomou da burocracia sólido-moderna a tarefa da adiaforização, de extrair o veneno do "ser para" da carga impulsionadora do "ser com". É exatamente como Emmanuel Levinas vislumbrou ao refletir que, em vez de ser um dispositivo destinado a tornar acessível o convívio humano pacífico e amigável a egoístas natos (como sugeriu Hobbes), a "sociedade" pode ser um estratagema para tornar acessível a seres humanos endemicamente morais uma vida autocentrada, autorreferencial e egoísta – embora cortando, neutralizando ou silenciando aquela assustadora "responsabilidade pelo Outro" que nasce cada vez que a face desse Outro aparece; uma responsabilidade de fato inseparável do convívio humano.

Como assinala Frank Mort, de acordo com os relatórios trimestrais do Henley Centre for Forecasting (organização de marketing que atende às indústrias de consumo com informações sobre as mudanças no padrão de uso do tempo de lazer por seus potenciais clientes britânicos), o topo da lista dos prazeres preferidos e mais cobiçados tem sido, nas duas últimas décadas, ocupado invariavelmente por passatempos que foram

tornados disponíveis principalmente por meio de formas de abastecimento baseadas no mercado: fazer compras pessoais, comer fora, exercitar o faça-você-mesmo e assistir a vídeos. Bem no fim da lista vinha a política – ir a uma reunião política aparecia ao lado de uma visita ao circo como uma das coisas que o público britânico tinha menor probabilidade de fazer.[28]

· 2 ·

Sociedade de consumidores

Se a *cultura* consumista é o modo peculiar pelo qual os membros de uma sociedade de consumidores pensam em seus comportamentos ou pelo qual se comportam "de forma irrefletida" – ou, em outras palavras, sem pensar no que consideram ser seu objetivo de vida e o que acreditam ser os meios corretos de alcançá--lo, sobre como separam as coisas e os atos relevantes para esse fim das coisas e atos que descartam como irrelevantes, acerca de o que os excita e o que os deixa sem entusiasmo ou indiferentes, o que os atrai e o que os repele, o que os estimula a agir e o que os incita a fugir, o que desejam, o que temem e em que ponto temores e desejos se equilibram mutuamente –, então a *sociedade* de consumidores representa um conjunto peculiar de condições existenciais em que é elevada a probabilidade de que a maioria dos homens e das mulheres venha a abraçar a cultura consumista em vez de qualquer outra, e de que na maior parte do tempo obedeçam aos preceitos dela com máxima dedicação.

A "sociedade de consumidores" é um tipo de sociedade que (recordando um termo, que já foi popular, cunhado por Louis Althusser) "interpela" seus membros (ou seja, dirige-se a eles, os saúda, apela a eles, questiona-os, mas também os interrompe e "irrompe sobre" eles) *basicamente na condição de consumidores*.

Ao fazê-lo, a "sociedade" (ou quaisquer agências humanas dotadas de instrumentos de coerção e meios de persuasão ocultos por trás desse conceito ou imagem) espera ser ouvida, entendida e obedecida. Ela avalia – recompensa e penaliza – seus membros segundo a prontidão e adequação da resposta deles à interpelação. Como resultado, os lugares obtidos ou alocados no eixo da excelência/inépcia do desempenho consumista se transformam no principal fator de estratificação e no maior critério de inclusão e exclusão, assim como orientam a distribuição do apreço e do estigma sociais, e também de fatias da atenção do público.

A "sociedade de consumidores", em outras palavras, representa o tipo de sociedade que promove, encoraja ou reforça a escolha de um estilo de vida e uma estratégia existencial consumistas, e rejeita todas as opções culturais alternativas. Uma sociedade em que se adaptar aos preceitos da cultura de consumo e segui-los estritamente é, para todos os fins e propósitos práticos, a única escolha aprovada de maneira incondicional. Uma escolha viável e, portanto, plausível – e uma condição de afiliação.

Essa é uma guinada notável no curso da história moderna, um verdadeiro divisor de águas. Como Frank Trentmann descobriu ao realizar sua reveladora tentativa de reconstituir o lugar ocupado pelos conceitos de consumo e de consumidores no vocabulário usado por pensadores modernos para descrever a realidade social emergente,

> o consumidor estava virtualmente ausente do discurso do século XVIII. De modo significativo, só aparece em sete dos 150 mil trabalhos da coleção online sobre esse século – duas vezes como cliente privado, ... uma como o cliente que sofre com os altos preços dos comerciantes e ... três em referência ao tempo ("o veloz consumidor de horas").[1]

Em todos os casos, como podemos ver, ele aparece como nome de um personagem marginal e um tanto excêntrico, apenas obliquamente relevante para a corrente principal da economia, e menos ainda para a totalidade da vida cotidiana. Não ocorreu nenhuma mudança radical a esse respeito durante o século seguinte, apesar de um aumento espetacular e amplamente documentado nas práticas de vendas, na publicidade, nas técnicas de exibição e nas galerias – os arquétipos dos shopping centers contemporâneos (esses "templos do consumo", como George Ritzer corretamente os batizaria). E já em 1910 "a 11ª edição da *Enciclopédia Britânica* só achou necessário um curto verbete sobre 'consumo', definido como desperdício no sentido físico ou como um 'termo técnico' de economia referente à destruição de empresas públicas".

Na maior parte da história moderna (ou seja, ao longo da era das enormes plantas industriais e dos imensos exércitos de recrutas), a sociedade "interpelava" a maioria da metade masculina de seus membros basicamente como produtores e soldados, e quase toda a outra metade (feminina) como, antes de qualquer coisa e acima de tudo, fornecedoras de serviços.

Por conseguinte, a obediência às ordens e a conformidade à regra, a admissão da posição atribuída e sua aceitação como indiscutível, a tolerância a trabalhos perpetuamente pesados e a submissão a uma rotina monótona, a disposição de adiar a satisfação e a aceitação resignada da ética do trabalho (significando, em resumo, o consentimento em trabalhar por amor ao trabalho, fosse ele importante ou não)[2] eram os principais padrões comportamentais treinados e ensaiados com ardor por esses membros, na expectativa de que fossem aprendidos e internalizados. O *corpo* do potencial trabalhador ou soldado era o que mais contava; seu *espírito*, por outro lado, devia ser silenciado, e uma vez adormecido, logo "desativado", podia ser posto de lado como algo sem consequência e assim, para a maioria das finalidades, deixado de fora ao se elaborar políticas e movimentos táticos. A sociedade de produtores e soldados se concentrava na administração dos corpos a fim de tornar a maior parte de seus membros apta a morar e agir em seu pretenso hábitat natural: o chão da fábrica e o campo de batalha.

Profundamente distinta da sociedade de produtores/soldados, a sociedade de consumidores concentra seu treinamento, as-

Sociedade de consumidores 73

sim como as pressões coercitivas exercidas sobre seus membros desde a infância e ao longo de suas vidas, na administração do *espírito* – deixando a administração dos corpos ao trabalho individual do tipo faça-você-mesmo, supervisionado e coordenado de forma individual por indivíduos espiritualmente treinados e coagidos. Tal mudança de foco se torna indispensável para que os membros se ajustem para morar e agir em seu novo hábitat natural, estruturado em torno dos shopping centers em que as mercadorias são procuradas, encontradas e obtidas, e nas ruas onde as mercadorias obtidas nas lojas são exibidas ao público para dotar seus portadores de valor de mercado. Daniel Thomas Cook, da Universidade de Illinois, resumiu a nova tendência da seguinte maneira:

> As batalhas travadas sobre e em torno da cultura de consumo infantil não são menos do que batalhas sobre a natureza da pessoa e o escopo da individualidade no contexto do alcance sempre crescente do comércio. O envolvimento das crianças com as coisas materiais, a mídia, as imagens e os significados que surgem se referem e se emaranham com o mundo do comércio, são aspectos centrais na construção de pessoas e de posições morais na vida contemporânea.[3]

Tão logo aprendem a ler, ou talvez bem antes, a "dependência das compras" se estabelece nas crianças. Não há estratégias de treinamento distintas para meninos e meninas – o papel de consumidor, diferentemente do de produtor, não tem especificidade de gênero. Numa sociedade de consumidores, *todo mundo* precisa ser, deve ser e tem que ser um consumidor por vocação (ou seja, ver e tratar o consumo como vocação). Nessa sociedade, o consumo visto e tratado como vocação é *ao mesmo tempo* um direito e um dever humano universal que não conhece exceção. A esse respeito, a sociedade de consumidores não reconhece diferenças de idade ou gênero (embora de modo contrafactual) e não lhes faz concessões. Tampouco reconhece (de modo gritantemente contrafactual) distinções de classe. Dos centros geográficos da rede mundial de autoestradas de informações a suas periferias mais distantes e empobrecidas,

o pobre é forçado a uma situação na qual tem de gastar o pouco dinheiro ou os parcos recursos de que dispõe com objetos de consumo sem sentido, e não com suas necessidades básicas, para evitar a total humilhação social e evitar a perspectiva de ser provocado e ridicularizado.[4]

A vocação consumista se baseia, em última instância, nos desempenhos individuais. Os serviços oferecidos pelo mercado que podem ser necessários para permitir que os desempenhos individuais tenham curso com fluidez também se destinam a ser a preocupação do consumidor individual: uma tarefa que deve ser empreendida *individualmente* e resolvida com a ajuda de habilidades e padrões de ação de consumo *individualmente* obtidos. Bombardeados de todos os lados por sugestões de que precisam se equipar com um ou outro produto fornecido pelas lojas se quiserem ter a capacidade de alcançar e manter a posição social que desejam, desempenhar suas obrigações sociais e proteger a autoestima – assim como serem vistos e reconhecidos por fazerem tudo isso –, consumidores de ambos os sexos, todas as idades e posições sociais irão sentir-se inadequados, deficientes e abaixo do padrão a não ser que respondam com prontidão a esses apelos.

Pelas mesmas razões (ou seja, pela transferência do tema da "adequação social" à responsabilidade e ao cuidado dos indivíduos), as práticas exclusivistas na sociedade de consumidores são muito mais estritas, duras e inflexíveis do que na sociedade de produtores. Nesta, os homens incapazes de se mostrar à altura e passar no teste que avalia suas capacidades como produtores/soldados é que são classificados como "anormais" e rotulados de "inválidos". São em seguida categorizados como objetos ou caso de terapia, na esperança de reajustá-los e trazê-los de volta "às fileiras", ou da política penal, para desencorajá-los de resistir a um retorno ao gradil. Na sociedade de consumidores, os "inválidos" marcados para a exclusão (uma exclusão final, irrevogável, sem apelação) são "consumidores falhos". De maneira distinta dos considerados inadequados à sociedade de produtores (desempregados e rejeitados pelo serviço militar), não podem ser concebidos como pessoas necessitadas de cuidados e assistência, uma vez que seguir e cumprir os preceitos da cultura de consumo é algo considerado (de modo gritantemente contrafactual) permanente e universalmente possível. Por poder ser adotado e aplicado por qualquer um que o queira (as pessoas podem ser rejeitadas em empregos apesar de terem todos os requisitos necessários, mas, a menos que estejamos falando de uma "ditadura das necessidades" de tipo comunista, não podem ser rejeitadas como consumidoras de uma mercadoria se tiverem dinheiro para pagar o seu preço), acredita-se (mais uma vez contrafactualmente) que obedecer aos preceitos dependa apenas da disposição e do desempenho individuais. Em função desse pressuposto, toda "invalidez social" seguida de exclusão só pode resultar, na sociedade de consumidores, de faltas individuais. Qualquer suspeita da existência de causas "extrínsecas" de fracasso, supra-individuais e arraigadas na sociedade é eliminada logo de início, ou pelo menos posta em dúvida e qualificada como uma defesa inválida.

"Consumir", portanto, significa investir na afiliação social de si próprio, o que, numa sociedade de consumidores, traduz-se em "vendabilidade": obter qualidades para as quais já existe uma demanda de mercado, ou reciclar as que já se possui, transformando-as em mercadorias para as quais a demanda pode continuar sendo criada. A maioria das mercadorias oferecidas no mercado de consumo deve sua atração e seu poder de recrutar consumidores ávidos a seu valor de *investimento*, seja ele genuíno ou suposto, anunciado de forma explícita ou indireta. Sua promessa de aumentar a atratividade e, por consequência, o preço de mercado de seus compradores está escrita, em letras grandes ou pequenas, ou ao menos nas entrelinhas, nos folhetos de todos os produtos – inclusive aqueles que, de maneira ostensiva, são adquiridos principalmente, ou mesmo exclusivamente, pelo puro prazer do consumidor. O consumo é um investimento em tudo que serve para o "valor social" e a autoestima do indivíduo.

O objetivo crucial, talvez decisivo, do consumo na sociedade de consumidores (mesmo que raras vezes declarado com tantas palavras e ainda com menos frequência debatido em público) não é a satisfação de necessidades, desejos e vontades, mas a comodificação ou recomodificação do consumidor: *elevar a condição dos consumidores à de mercadorias vendáveis*. É, em última instância, por essa razão que passar no teste do consumidor é condição inegociável para a admissão na sociedade que foi remodelada à semelhança do mercado. Passar no teste é precondição de todas as relações *contratuais* que tecem a rede de relacionamentos chamada "sociedade de consumidores" e que nela são tecidas. É essa precondição, sem exceção ou possibilidade de recusa, que consolida o agregado das transações de compra e venda numa totalidade imaginada. Ou que, para ser mais exato, permite que esse agregado seja experimentado como uma totalidade chamada "sociedade" – entidade a que se pode atribuir a capacidade de "fazer demandas" e coagir os atores a obedecer – permitindo que se atribua a condição de "fato social" no sentido durkheimiano.

Os membros da sociedade de consumidores são eles próprios mercadorias de consumo, e é a qualidade de ser uma mercadoria de consumo que os torna membros autênticos dessa sociedade. Tornar-se e continuar sendo uma mercadoria vendável é o mais poderoso motivo de preocupação do consumidor, mesmo que em geral latente e quase nunca consciente. É por seu poder de aumentar o preço de mercado do consumidor que se costuma avaliar a atratividade dos bens de consumo – os atuais ou potenciais objetos de desejo dos consumidores que desencadeiam as ações de consumo. "Fazer de si mesmo uma mercadoria vendável" é um trabalho do tipo faça-você-mesmo e um dever individual. Observemos: *fazer* de si mesmo, não apenas *tornar-se*, é o desafio e a tarefa a ser cumprida. A noção de que ninguém nasce como uma criatura humana completa, que muito resta a ser feito para se *tornar* plena e verdadeiramente humano, não é uma invenção da sociedade de consumidores – nem mesmo da era moderna. Ao contrário do que Günther Anders descreveu em 1956 como "vergonha prometeica",[5] a vergonha de falhar na tarefa de nos fazermos diferentes (presume-se que melhores) do que aquilo que "nos tornamos".

Nas palavras de Anders, o *"desafio* prometeico" é a "recusa a dever alguma coisa a alguém (ou algo), incluindo a si mesmo", enquanto o "orgulho prometeico" consiste em "dever tudo, inclusive seu próprio eu, a si mesmo". Obviamente, é o eu, o *"próprio eu de alguém"*, que é o pomo da discórdia, a aposta e o prêmio principal em nossa versão atual da forma prometeica de ser e estar no mundo (ou melhor, na paráfrase/distorção/perversão contemporânea da ambição prometeica). "Tornar-se" apenas, como consequência do acidente de ser concebido e nascer de uma mãe, não será suficiente.

O fato de que esse "apenas ser" é bem menos que a potencial perfeição do artífice tem sido um axioma da visão de mundo universalmente válida (embora não universalmente aceita) desde o início dos iluminados tempos modernos. Seres humanos armados da Razão podiam, deviam e iriam aperfeiçoar a Natureza – e também *sua própria natureza*, aquela "natureza" que causou seu aparecimento no mundo e determinou o curso do seu "tornar-se". O traço prometeico, portanto, não era mais a realização singular e lendária de um semideus, mas o modo ou destino da presença humana no mundo como tal. A forma do mundo – seu grau de "perfeição" – não era tema de preocupação ou ação determinada dos humanos. E assim, embora de maneira bastante oblíqua, era a forma de cada indivíduo humano, e também seu grau de perfeição.

Mais um passo teria de ser dado, portanto, para que o desafio e o orgulho prometeicos dessem à luz a *vergonha* prometeica. Esse passo decisivo, sugiro, foi a passagem da sociedade de produtores – com seu espírito gerencial de regulação normativa, sua divisão e coordenação do trabalho, sua supervisão geradora de conformidade e sua conformidade a ser supervisionada – à sociedade de consumidores, com a individualização intermitentemente compulsória e de bom grado e o caráter autorreferencial de suas preocupações, tarefas, modos de tratar as tarefas e responsabilidades pelos efeitos desse tratamento. Esse passo augurava uma ênfase ampliada, sobrepujando tudo o mais, no "próprio eu" como o principal *objeto* e o principal *sujeito* do dever de refazer o mundo, assim como da responsabilidade por sua realização ou fracasso: uma ênfase no eu individual como ao mesmo tempo guardião e vigilante da maneira de ser prometeica.

Proclamando abertamente sua ascendência sobre seus membros, a prioridade dos interesses e ambições "societais" em relação aos individuais e "grupais", e como prova disso assumindo a autoria da visão de mundo como um artífice da ação humana guiada quanto à razão, a sociedade de produtores assumiu, por ação ou omissão, o papel de um "Prometeu coletivo" – dessa forma substituindo a conformidade à norma pela responsabilidade individual quanto à qualidade do produto. A sociedade de consumidores "terceiriza" o papel de Prometeu, assim como a responsabilidade por seu desempenho, a indivíduos. A vergonha prometeica, de forma distinta do desafio e do orgulho prometeicos, é um sentimento profundamente individual. "Sociedades" nunca se envergonham nem podem ser envergonhadas; a vergonha só é concebível como condição individual.

Tendo rejeitado e descartado de maneira explícita, ou ao menos na prática, a condição prometeica que antes reivindicava, a sociedade agora se esconde por trás de seus artífices. A autoridade e os privilégios devidos a um ser superior, antes a única propriedade, protegida com muito ciúme, da "sociedade humana", recaíram sobre os produtos humanos, esses traços materiais da razão, inventividade e habilidade humanas. Eles são os únicos capazes de realizar com perfeição, ou quase, os trabalhos que um "homem nascido de uma mulher", mero efeito colateral de natureza irremediavelmente contingente, iria fazer mal ou, de qualquer modo, realizar de forma vergonhosamente inferior. É o artífice, encontrado todos os dias na forma de produtos da indústria de consumo, que agora paira e se eleva sobre a cabeça de cada indivíduo humano como parágono da perfeição e padrão de todo esforço de emulação (reconhecidamente destinado ao fracasso).

Tendo aceito a superioridade da *res* (coisa), sugere Anders, "os seres humanos rejeitam a incompletude de sua própria reificação como equivalente a um defeito". Nascer e "tornar-se", em vez de serem totalmente fabricados do princípio ao fim, são agora motivos de vergonha. A vergonha prometeica é um sentimento que "subjuga homens e mulheres diante da visão da qualidade humilhantemente elevada de coisas que eles mesmos fabricaram". Citando Nietzsche, Anders sugere que hoje em dia o corpo humano (ou seja, o corpo tal como foi recebido por acidente da natureza) é algo que "deve ser superado" e deixado para trás. O corpo "bruto", despido de adornos, não reformado e não trabalhado, é algo de que se deve ter vergonha: ofensivo ao olhar, sempre deixando muito a desejar e, acima de tudo, testemunha viva da falência do dever, e talvez da inépcia, ignorância, impotência e falta de habilidade do "eu". O "corpo nu", objeto que por consentimento comum não deveria ser exposto por motivo de decoro e dignidade do "proprietário", hoje em dia não significa, como sugere Anders, "o corpo despido, mas um corpo em que nenhum trabalho foi feito" – um corpo "reificado" de modo insuficiente.

Ser membro da sociedade de consumidores é uma tarefa assustadora, um esforço interminável e difícil. O medo de não conseguir conformar-se foi posto de lado pelo medo da inadequação, mas nem por isso se tornou menos apavorante. Os mercados de consumo são ávidos por tirar vantagem desse medo, e as empresas que produzem bens de consumo competem pelo status de guia e auxiliar mais confiável no esforço interminável de seus clientes para enfrentar esse desafio. Fornecem "as ferramentas", os instrumentos exigidos pelo trabalho individual de "autofabricação". Poderiam, contudo, ser processadas segundo a

Lei das Descrições de Comércio:* os bens que produzem para serem "ferramentas" de uso individual no processo de tomada de decisões são na verdade, como insiste Anders, "decisões tomadas de antemão".[6] Foram produzidos muito antes de o indivíduo se confrontar com o dever (apresentado como oportunidade) de decidir. É absurdo, afirma Anders, pensar nessas ferramentas como algo que possibilita uma escolha com um propósito individual. Os instrumentos são a cristalização da irresistível "necessidade" que, agora como antes, os seres humanos devem aprender, obedecer e aprender a obedecer para serem livres.

Uma das meninas de 16 e 17 anos entrevistadas em Cotswolds por Decca Aitkenhead, perspicaz correspondente do *Guardian*, confessou:

> Bem, se eu saísse como estou vestida agora (jeans e camiseta), as pessoas iriam olhar e pensar: por que você não está usando algo especial, roupas provocantes? Aos 13 anos de idade já saíamos vestidas desse jeito. É tudo de que se precisa para parecer estar na moda.[7]

Outra menina do grupo, esta com mais de 20, acrescentou que "os lembretes do que deve ser um corpo sexy estão por toda parte, e à medida que vou ficando mais velha fico cada vez mais preocupada em estar à altura". Os significados de "roupas provocantes" e aparência de um "corpo sexy" são determinados pela moda atual (a moda muda, e com rapidez: as meninas de 16 e 17 anos "não fazem ideia de que camisetas para pré-adolescentes com slogans como 'Trainee Babe' só entraram na moda na década de 1990, e ficam espantadas com o fato de que as garotas antes se vestiam de outra maneira". Uma delas "pareceu incrédula", observa Aitkenhead, quando lhe disseram que "na década de 1970 as garotas não raspavam as axilas"). Obter novas versões dessas roupas, reconstruir esses estilos e substituir ou reformar as versões defasadas são condição para estar e permanecer em

---

* No original, Trade Descriptions Act: lei do Parlamento britânico que impede fabricantes, varejistas ou empresas de serviços de enganar os consumidores a respeito daquilo em que estão gastando dinheiro. (N.T.)

demanda: para permanecer desejável o suficiente para encontrar clientes interessados, quer se esteja ou não lidando com dinheiro. Como assinala Digby Jones, o expansivo diretor da Confederação das Indústrias Britânicas, referindo-se a um mercado de trabalho completamente diferente, a única condição para as pessoas que desejam ser uma "mercadoria em demanda" é "que sejam tão adaptáveis, treinadas e valiosas que nenhum empregador ousaria mandá-las embora ou tratá-las mal".[8]

Em sua versão "Whig"* predominante (ou seja, sua "transcrição oficial", repetida de modo rotineiro tanto nas descrições cultas como no imaginário popular), a história da humanidade é apresentada como uma longa marcha rumo à liberdade pessoal e à racionalidade.

Seu último estágio, a passagem da sociedade de produtores para a de consumidores, em geral é apresentado como um processo gradual, a ser finalmente completado, de emancipação dos indivíduos das condições originais de "não escolha" e depois de "escolha limitada", de cenários estabelecidos e rotinas obrigatórias, de vínculos inegociáveis, preordenados e prescritos, e de padrões comportamentais compulsórios, ou pelo menos inquestionáveis. Em suma, essa passagem é apresentada como outro salto, possivelmente o salto conclusivo, do mundo das restrições e da falta de liberdade para a autonomia e o autodomínio individuais. Com muita frequência, essa passagem é retratada como o triunfo final do direito do indivíduo à autoafirmação, entendido como a soberania indivisível do sujeito livre de responsabilidades – uma soberania que tende, por sua vez, a ser interpretada como o direito do indivíduo à livre escolha. O membro individual da sociedade de consumidores é definido, em primeiro lugar e acima de tudo, como *Homo eligens*.

A outra versão, latente, raras vezes apresentada em público mas sempre uma instigadora oculta e invisível da primeira,

---

* Referência ao partido britânico, de linha moderadamente liberal, que defendia a monarquia constitucional em oposição ao poder absoluto. (N.T.)

mostraria a mesma passagem sob uma luz um pouco diferente. Em vez de ser um passo rumo à emancipação final do indivíduo em relação às múltiplas coerções externas, essa passagem pode se revelar como a conquista, a anexação e a colonização da vida pelo mercado de bens de consumo – sendo o significado mais profundo (ainda que reprimido e escondido) dessa conquista a elevação das leis escritas e não escritas do mercado à categoria de preceitos da vida; o tipo de preceito que só pode ser ignorado por conta e risco de quem quebra a norma, e que tende a ser punido com a exclusão.

As leis do mercado se aplicam, de forma equitativa, às coisas escolhidas e aos selecionadores. Só as mercadorias podem entrar nos templos de consumo por direito, seja pela entrada dos "produtos", seja pela dos "clientes". Dentro desses templos, tanto os objetos de adoração como seus adoradores são mercadorias. Os membros da sociedade de consumidores são eles próprios produtos de comodificação. Sua degradação desregulamentada, privatizada, para o domínio da comodificação da política de vida é a principal distinção que separa a sociedade de consumidores de outras formas de convívio humano. Como em uma paródia macabra do imperativo categórico de Kant, os membros da sociedade de consumidores são obrigados a seguir os mesmíssimos padrões comportamentais que gostariam de ver obedecidos pelos objetos de seu consumo.

Para entrar na sociedade de consumidores e receber um visto de residência permanente, homens e mulheres devem atender às condições de elegibilidade definidas pelos padrões do mercado. Espera-se que se tornem disponíveis no mercado e que busquem, em competição com o restante dos membros, seu "valor de mercado" mais favorável. Ao explorarem o mercado à procura de bens de consumo (o propósito ostensivo de sua presença ali), são atraídos para as lojas pela perspectiva de encontrar ferramentas e matérias-primas que podem (e *devem*) usar para se fazerem "aptos a serem consumidos" – e, assim, valiosos para o mercado.

O consumo é o principal mecanismo da "comodificação" dos consumidores – tarefa que foi, tal como muitas outras tarefas socialmente empreendidas e administradas pelo Estado, desregulamentada, privatizada e "terceirizada" para os consumidores e deixada sob o cuidado, a administração e a responsabilidade dos indivíduos, homens e mulheres. A força propulsora das atividades de consumo é a busca individual do preço ótimo de venda, a promoção a uma divisão mais elevada, a obtenção de postos mais altos e de uma posição mais elevada nesta ou naquela tabela de campeonato (felizmente, há uma profusão de tabelas por aí para se observar e escolher).

Todos os membros da sociedade de consumidores são, do berço ao túmulo, consumidores *de jure* – ainda que o *jus* que os definiu como consumidores nunca tenha sido votado por Parlamento algum nem registrado nos livros de direito.

Ser um "consumidor *de jure*" é, para todos os fins práticos, o "fundamento não jurídico da lei", já que precede todos os pronunciamentos legais que definem e declaram os direitos e obrigações do cidadão. Graças aos alicerces estabelecidos pelos mercados, os legisladores podem estar seguros de que os sujeitos da legislação já são consumidores experientes e consumados: onde quer que interesse, podem tratar a condição de consumidor como um produto da natureza, e não como um construto jurídico – como parte da "natureza humana" e de nossa predileção inata que todas as leis positivas são obrigadas a respeitar, ajudar, obedecer, proteger e servir; como aquele direito *humano* primordial que fundamenta todos os direitos do *cidadão*, os tipos de direitos secundários cuja principal tarefa é reconfirmar esse direito básico, primário, como sacrossanto, e torná-lo plena e verdadeiramente inalienável.

Tendo estudado e reconstruído a sequência de eventos posterior à Primeira Guerra Mundial, que acabaram levando ao fortalecimento da sociedade de consumidores, Daniel Thomas Cook concluiu:

O "direito" das crianças a consumir precede e prefigura de várias maneiras outros direitos legalmente constituídos. As crianças ganharam uma "voz" na seção de vendas a varejo, nos concursos de "faça-você-mesmo e dê um nome", na escolha de roupas e nos planos dos pesquisadores de mercado décadas antes de seus direitos serem declarados em contextos como a Convenção das Nações Unidas sobre os Direitos da Criança em 1989. A participação das crianças como atores no mundo dos produtos, como pessoas dotadas de desejo, fornece uma base ao atual e emergente status delas como indivíduos portadores de direitos.[9]

Embora seu foco fosse a história do consumismo infantil e a comodificação das crianças no século XX (ou, para usar os termos por ele cunhados, a "revolução copernicana" realizada pelos mercados voltados para as crianças, e que consiste na troca da "perspectiva dos pais" para a "pediocularidade", ou seja, o ajustamento das estratégias de planejamento e marketing ao ponto de vista da criança, agora reconhecida como sujeito soberano de desejos e escolhas), Cook chegou a um padrão universal seguido pela sociedade de consumidores em seu desenvolvimento original e que permanece em sua autorreprodução e expansão. Ficamos tentados a empregar na análise da produção de consumidores e da reprodução da sociedade de consumidores a memorável sugestão de Ernst Haeckel, notório e celebrado naturalista do século XIX, de que "a ontogênese é uma recapitulação da filogênese" (isto é, que os estágios de desenvolvimento de um embrião constituem recapitulações abreviadas e comprimidas dos estágios pelos quais passou a espécie em sua evolução histórica), embora com uma ressalva crucial: em vez de implicar uma causalidade unidirecional, é razoável e adequado propor (a fim de evitar o debate inútil, já que insolúvel, do tipo "quem veio primeiro, o ovo ou a galinha?") que à trajetória de vida do indivíduo consumidor é imposta a mesma sequência que tende a ser infinitamente repetida na reprodução em curso na sociedade de consumidores.

No funcionamento cotidiano da madura sociedade de consumidores de nossos dias, os "direitos da criança" e os "direitos do cidadão" são baseados na capacidade genuína ou estimada do consumidor competente, e a ela se sobrepõem – tal como ocorreu durante sua emergência e maturação. As duas sequências se reafirmam e se reforçam de maneira mútua, "naturalizando" uma à outra e se ajudando a obter a condição de "ideias dominantes" – porém, para ser mais específico, ao repositório da *doxa* (pressupostos com os quais as pessoas pensam, mas sobre os quais poucas vezes pensam) ou, pura e simplesmente, do senso comum.

Em oposição ao *direito formal*, por atribuição do qual qualquer "teste dos meios" é, uma vez mais, oficialmente rejeitado, a condição – raras vezes declarada com franqueza, embora decisiva – de conferir ou recusar o direito aos benefícios da cidadania habilitada é a competência de uma pessoa consumista e sua capacidade de usá-la. Um número considerável de consumidores *de jure* fracassa no teste estabelecido, de modo informal, mas bastante tangível, para os consumidores *de facto*. Os que não passam no teste são "consumidores falhos", por vezes subcategorizados como "pessoas que fracassaram em sua busca por asilo" ou como "imigrantes ilegais", outras vezes como a "subclasse" (ou seja, um conjunto variado de pessoas que tiveram o acesso recusado a todas as classes sociais reconhecidas, que são inaceitáveis como membros de uma classe), quase sempre dispersos de modo anônimo nas estatísticas sobre os "pobres" ou as "pessoas abaixo da linha de pobreza" – segundo a definição clássica de Simmel, objetos de caridade, e não sujeitos capazes de discernir/escolher como o restante dos membros da sociedade de consumidores. A se concordar com a proposição de Carl Schmitt de que a prerrogativa final, definidora, de soberania é o direito de excluir, então se deve aceitar que *o verdadeiro detentor do poder soberano na sociedade de consumidores é o mercado de bens de consumo*. É lá, no local de encontro de vendedores e compradores, que se realiza todos os dias a seleção e separação entre condenados e salvos, incluídos e excluídos (ou, para ser mais exato, consumidores adequados e defeituosos).

O mercado de consumo de produtos, deve-se admitir, constitui um soberano peculiar, bizarro, totalmente distinto daqueles que são conhecidos dos leitores dos tratados de ciência política. Esse estranho soberano não tem agências executivas ou legislativas, e muito menos tribunais de justiça – considerados a parafernália indispensável dos soberanos autênticos examinados e descritos nos livros-texto de ciência política. Em consequência, o mercado é, por assim dizer, mais soberano do que os soberanos políticos, muito mais promovidos e ávidos por autopromoção, já que, além de apresentar as sentenças de exclusão, não permite apelação. Suas sentenças são tão rígidas e irrevogáveis quanto informais, tácitas e raras vezes declaradas em público. A exclusão pelos órgãos de um Estado soberano é passível de objeção e protesto, de modo que há uma chance de ser anulada – mas não a deportação pelo mercado soberano, pois não há neste um juiz nomeado presidindo o julgamento ou uma recepcionista para aceitar os documentos de apelação, ao mesmo tempo em que não se fornece um endereço para o qual se possa remetê-los.

Para evitar os protestos que podem seguir-se aos veredictos do mercado, os políticos testaram a fórmula da NEA ("Não existe alternativa") – um diagnóstico que quase se concretiza por si mesmo, uma hipótese que praticamente confirma a si mesma. Quanto mais se repete a fórmula, mais profunda é a renúncia da soberania do Estado em relação aos mercados consumidores de produtos, enquanto a soberania dos mercados vai ficando mais ousada e obstinada.

Contudo, não é o *Estado*, nem mesmo seu braço executivo, que está sendo solapado, erodido, enfraquecido, que está definhando – mas sua *soberania*, sua prerrogativa de estabelecer o limite entre incluídos e excluídos, assim como o direito de reabilitar e readmitir estes últimos.

Em parte, essa soberania já foi um tanto limitada, e podemos imaginar que, sob a pressão da emergência de leis globalmente válidas garantidas por organismos jurídicos (até agora parciais e rudimentares), é provável que ela continue, aos trancos e barrancos, encolhendo. Esse processo, porém, é de importância apenas secundária para a questão da nova soberania dos mercados, pouco alterando a maneira como as decisões soberanas são tomadas e legitimadas. Mesmo que seja transferida "lá para cima", para instituições supraestatais, a soberania (ao menos segundo o princípio que se supõe que ela siga, ou que está destinada a seguir) ainda mistura poder com política e subordina aquele à supervisão desta. Mais importante ainda, ela pode ser contestada e reformada graças ao fato de ter endereço fixo.

Muito mais revolucionária (e potencialmente fatal para o Estado, já que foi moldada durante a era moderna) é outra tendência que mina a soberania do Estado de modo muito mais profundo: a inclinação do Estado enfraquecido a passar muitas de suas funções e prerrogativas para os lados, e não para cima, cedendo-as aos poderes impessoais dos mercados. Ou a rendição cada vez mais abrangente do Estado à chantagem das forças do mercado, contrariando as políticas preferidas e endossadas por seu eleitorado e tomando dos cidadãos o status de ponto de referência e árbitro final das propriedades políticas.

O resultado dessa segunda tendência é a gradual separação entre o *poder de agir*, que agora flutua na direção dos mercados, e a *política*, que, embora continue a ser domínio do Estado, é cada vez mais despida de sua liberdade de manobra e de seu poder de estabelecer as regras e apitar o jogo. Essa é, com certeza, a principal causa da erosão da soberania do Estado. Ainda que órgãos do Estado continuem a articular, divulgar e executar as sentenças de exclusão ou expulsão, eles não têm mais a liberdade de escolher os critérios da "política de exclusão" ou os princípios de sua aplicação. O Estado como um todo, incluindo seus braços jurídico e legislativo, torna-se um executor da soberania do mercado.

Quando um ministro declara, por exemplo, que a nova política de imigração terá por objetivo trazer para a Grã-Bretanha pessoas "de que o país precisa" e manter fora dele aquelas "de que o país não tem necessidade", ele dá aos mercados, de maneira implícita, o direito de definir as "necessidades do país" e decidir o que (ou quem) o país precisa e o que (ou quem) não. Portanto, o que o ministro tem em mente é oferecer hospitalidade às pessoas que prometem ser, ou que em breve se tornem, consumidores exemplares, ao mesmo tempo em que se recusa a fazer o mesmo por aquelas cujos padrões de consumo – característico de pessoas na base da pirâmide de renda, ou que se concentram em bens de consumo menos lucrativos, ou mesmo não lucrativos – não vão estimular as rodas da economia de consumo a girarem mais depressa nem promover os lucros das empresas para além dos níveis já alcançados.

Para enfatizar ainda mais os princípios que orientam o pensamento e o raciocínio por trás da aprovação ou desaprovação de estrangeiros, o ministro assinala que a renda obtida pelas poucas pessoas dessa última categoria que podem ser admitidas de modo temporário para atender às necessidades sazonais da produção de consumo necessariamente local (serviços de hotelaria e restaurante ou colheitas) será transferida a seus países de origem (uma vez que não se permitirá que suas famílias possam acompanhá-las à Grã-Bretanha), e assim não vai reforçar a circulação de bens de consumo no país. Os consumidores falhos, donos de recursos demasiado escassos para reagirem de forma adequada aos "apelos" dos mercados de bens de consumo, ou mais exatamente a seus passes sedutores, são pessoas "desnecessárias" para a sociedade de consumidores, que estaria melhor sem elas. Numa sociedade que avalia seu sucesso ou fracasso pelas estatísticas do PIB (ou seja, a soma total de dinheiro que troca de mãos nas transações de compra e venda), esses consumidores deficientes e defeituosos são descartados por serem perigosos.

O pressuposto tácito subjacente a esse raciocínio é, uma vez mais, a fórmula "não há consumidor sem mercadoria". A comodificação precede o consumo e controla o acesso ao mundo dos consumidores. É preciso primeiro se tornar uma mercadoria para ter uma chance razoável de exercer os direitos e cumprir os deveres de um consumidor. "O país", assim como os mercados, precisa de mercadorias; um país que entrega aos mercados de consumo o direito de dar a primeira e a última palavra precisa de residentes que já sejam mercadorias ou que sejam passíveis de uma rápida e barata comodificação. A classificação na categoria de mercadoria autêntica é, evidentemente, uma questão que cabe ao mercado decidir. "Existem compradores para esta variedade particular de produto?", é a primeira e última pergunta a ser feita quando o requerimento de entrada e permanência no país está sendo examinado por funcionários do Estado.

O governo assumiu e transformou em princípio da política de Estado o padrão e a regra já estabelecidos e incrustados na vida cotidiana da sociedade de consumo graças às práticas generalizadas da empresa líquido-moderna. Como descobriu Nicole Aubert em seu estudo de tais práticas, as políticas de pessoal das grandes empresas capitalistas são conduzidas "como se os empregados fossem eles próprios 'produtos', tendo sido concebidos, utilizados e renovados no tempo mais curto possível".[10] Dos recém-recrutados se espera um desempenho com o máximo de rapidez e vigor desde o primeiro dia de trabalho: não há tempo para "se estabelecer", fincar "raízes", integrar-se e desenvolver lealdade à companhia e solidariedade aos outros empregados, já que o perfil do serviço exigido muda muito depressa para que haja tempo para ajustes. Longos processos de recrutamento, ajuste e treinamento são vistos como perda de tempo e recursos – assim como manter estoques excessivos de produtos nos depósitos da empresa. Quando guardados em prateleiras, as mercadorias não trazem lucro e são, para todos os fins práticos, inúteis. Tanto os estoques como o tempo de recrutamento, integração e treinamento precisam ser reduzidos ao mínimo possível.

O segredo de todo sistema social durável (ou seja, que se autorreproduz com sucesso) é transformar seus "pré-requisitos funcionais" em motivos comportamentais dos atores.

Para apresentar de maneira diferente, o segredo de toda "socialização" bem-sucedida é fazer os indivíduos *desejarem realizar* o que *é necessário* para capacitar o sistema a se autorreproduzir. Isso pode ser feito aberta e *explicitamente*, reunindo e reforçando o apoio para os interesses declarados de uma "totalidade", como um Estado ou nação, por um processo intitulado, de maneira variada, "mobilização espiritual", "educação cívica" ou "doutrinação ideológica", como em geral se fazia na fase "sólida" da modernidade, na "sociedade de produtores". Ou pode ser feito de modo sub-reptício e *oblíquo*, por meio do reforço e do treinamento de certos padrões comportamentais, assim como pela adoção de determinados modelos de solução de problemas que – uma vez empregados e observados (como devem ser, pois as escolhas alternativas recuam e desaparecem com o gradual, mas implacável, esquecimento das habilidades necessárias para praticá-las) – vão sustentar a monótona reprodução do sistema, como costuma ser feito na fase "líquida" da modernidade, que por acaso também é a época da sociedade de consumidores.

Essa forma de vincular os "pré-requisitos sistêmicos" aos motivos individuais típicos da sociedade de produtores exigia uma desvalorização do "agora", em particular da satisfação imediata e, de modo mais geral, do prazer (ou daquilo que os franceses querem dizer com o conceito intraduzível de *jouissance*). O "presente" tinha, em favor do "futuro", de ser rebaixado para o segundo plano, e desse modo desistia de seu significado como refém das reviravoltas ainda não reveladas de uma história que se acreditava domesticada, conquistada e controlada precisamente por meio do conhecimento de suas leis e exigências. O "presente" era apenas um meio em relação a um fim, ou seja, para uma felicidade que sempre estava no futuro, sempre "ainda não".

Na mesma linha, essa forma de coordenar pré-requisitos sistêmicos com motivos individuais também tinha necessariamente de promover a procrastinação, e em particular de entronizar o preceito de "retardar" ou renunciar à "satisfação" – isto é, o preceito de sacrificar recompensas bem específicas e disponíveis de

Sociedade de consumidores

imediato em nome de benefícios futuros imprecisos; assim como
sacrificar recompensas individuais em detrimento do "todo" (seja
ele a sociedade, o Estado, a nação, a classe, o gênero ou apenas
um "nós" deliberadamente inespecífico), acreditando que isso,
no devido tempo, garantiria uma vida melhor para todos. Em
uma sociedade de produtores, o "longo prazo" tinha preferência
sobre o "curto prazo", e as necessidades do "todo" tinham prioridade em relação às necessidades de suas "partes". As alegrias e
as satisfações extraídas dos valores "eternos" e "supraindividuais"
eram consideradas superiores aos efêmeros enlevos individuais,
enquanto os enlevos da coletividade eram colocados acima da
sorte dos poucos, sendo vistos como as únicas satisfações válidas
e genuínas em meio à multiplicidade de "prazeres do momento",
sedutores mas falsos, inventados, ilusórios e, em última instância,
degradantes.

Tendo aprendido com a experiência, nós (homens e mulheres que levamos nossas vidas no ambiente líquido-moderno) estamos muito mais inclinados a rejeitar essa forma de reprodução
sistêmica combinada com motivações individuais e considerá-la
destrutiva, exorbitantemente cara e, acima de tudo, abominavelmente opressiva – já que ela vai contra a essência das propensões
"naturais" humanas. Sigmund Freud foi um dos primeiros intelectuais a notar isso – embora até mesmo esse requintado pensador,
ao colher seus dados, como tinha de fazê-lo, de uma existência
vivida num momento de ascensão da sociedade da indústria de
massa e do recrutamento em massa, tenha sido incapaz de con-
ceber uma alternativa à repressão coerciva dos instintos, e assim
atribuiu ao que observou a condição genérica de características
necessárias e inevitáveis de toda e qualquer civilização: da civilização "como tal".[11]

Em nenhum lugar e em circunstância alguma, concluiu
Freud, a exigência da renúncia ao instinto será abraçada de bom
grado. A maioria substantiva dos seres humanos obedece a muitos dos preceitos ou proibições naturais "apenas sob a pressão da
coerção externa". "É alarmante pensar no enorme volume de coer-

ção que será inevitavelmente exigido" para promover, instilar e tornar seguras as escolhas civilizatórias necessárias, tais como a ética do trabalho (ou seja, uma condenação indiscriminada do lazer acoplada ao mandamento do trabalho pelo trabalho, não importa a recompensa), ou a ética da coabitação pacífica proposta pelo mandamento "Amarás a teu próximo como a ti mesmo" ("Qual a finalidade de um preceito enunciado de maneira tão solene", pergunta Freud de forma retórica, "se sua realização não pode ser recomendada como razoável?").

O restante do argumento de Freud sobre o arcabouço coercivo de que todas as civilizações necessitam para permanecerem de pé é muito bem conhecido para ser reapresentado aqui em detalhes. A conclusão geral, como sabemos, foi de que toda e qualquer civilização deve ser sustentada pela repressão, já que certo volume de dissensão em ebulição constante e de rebeliões esporádicas, mas repetitivas, assim como um esforço contínuo para controlá-las e superá-las, é inevitável. A deslealdade e o motim não podem ser evitados, já que toda civilização significa a contenção repressiva de instintos humanos, e toda restrição é repulsiva.

> A substituição do poder do indivíduo pelo poder da comunidade constitui o passo decisivo da civilização. Sua essência está no fato de que os membros da comunidade se restringem em suas possibilidades de satisfação, enquanto o indivíduo desconhecia essa restrição.

Deixemos de lado a advertência de que "o indivíduo" que nem sempre é "membro de uma comunidade" pode ser uma figura ainda mais mítica do que o selvagem pré-social hobbesiano do *bellum omnium contra omnes* (guerra de todos contra todos), ou apenas um dispositivo retórico para fins de argumentação, como o "parricídio original" que Freud inventaria em sua obra posterior. Entretanto, qualquer que seja a razão pela qual se escolheu o palavreado particular da mensagem, sua substância é que, sendo improvável que os *hoi-polloi* se disponham a reconhecer,

Sociedade de consumidores

adotar e obedecer à ordem de colocar os interesses de um grupo supraindividual acima das inclinações e dos impulsos individuais, e de pôr os efeitos de longo prazo acima das satisfações imediatas (como no caso da ética do trabalho), qualquer civilização (ou, de maneira mais simples, qualquer tipo de coabitação pacífica e cooperativa, com todos os seus benefícios) *deve* se basear na coerção, ou pelo menos na ameaça realista de que ela será aplicada se as restrições impostas aos impulsos instintivos não for observada com rigor. Por todos os meios, o "princípio da realidade" deve ter garantida uma vantagem sobre o "princípio do prazer" para que a convivência humana civilizada possa persistir. Freud projeta sua conclusão sobre todos os tipos de convívio humano (retrospectivamente renomeados de "civilizações"), apresentando-a como precondição *universal* do convívio humano, de *todo tipo* de vida em sociedade, o que, reconhecidamente, é contíguo à vida *humana* como tal.

Mas seja lá qual for a resposta à questão de saber se a repressão dos instintos de fato foi, e continuará sendo para sempre, contígua à história da humanidade, pode-se sugerir com segurança que esse princípio que parece atemporal não poderia ter sido descoberto, nomeado, registrado ou teorizado em qualquer outra época que não a aurora da era moderna; para ser mais exato, em nenhuma outra época que não o período imediatamente posterior à desintegração do *ancien régime* que o precedeu. Foi essa desintegração, a destruição das instituições costumeiras que haviam sustentado uma reprodução amplamente monótona e mais ou menos trivial dos *Rechts-* e *Pflichts-Gewohnenheiten* (direitos e deveres consuetudinários), que desnudou todo o artifício humanamente produzido que estava oculto por trás da ideia de ordem "natural" ou "divina", forçando assim uma reclassificação do fenômeno da ordem da categoria do que foi "dado" para a categoria das "tarefas", e assim reapresentando a "lógica da criação divina" como *realização* do poder *humano*.

No entanto, a questão é que, embora o espaço para a coerção antes do advento da era moderna não fosse menos amplo do que tenderia a ser no curso da construção da ordem moderna (e era), dificilmente havia espaço para a autoconfiança e a trivialidade com que Jeremy Bentham apresentou uma equação com a obediência à lei de um lado e a garantia de que nenhuma escolha alternativa poderia se infiltrar, de outro – fechando as saídas do confinamento panóptico e ao mesmo tempo colocando os internos numa situação em que a escolha era "trabalhar ou morrer". Richard Rorty sumarizou a tendência em uma proposição curta e concisa: "Com Hegel, os intelectuais começaram a trocar as fantasias de contato com a eternidade pelas fantasias de construção de um futuro melhor."[12]

O "poder da comunidade", em particular de uma comunidade artificialmente construída, trazida à luz no curso da construção de uma civilização ou nação, não tinha que *substituir* "o poder do indivíduo" para tornar a coabitação factível e viável. O poder da comunidade funcionava muito *antes* do descobrimento de sua necessidade, para não falar de sua urgência. A ideia de que tal substituição era uma tarefa ainda a ser realizada por um agente poderoso, coletivo ou individual, era de ocorrência improvável tanto para "o indivíduo" como para "a comunidade" enquanto a presença desta e de seu poder demasiadamente tangível fosse, por assim dizer, "oculta sob a luz": *evidente demais para ser notada*. A comunidade sustentava o poder sobre o indivíduo (e um tipo de poder total, "tudo incluído") enquanto ele permanecesse *não problemático* e não representasse uma *tarefa* que (como todas as outras) poderia ser *ou* deixar de ser cumprida. Em resumo, a comunidade mantinha os indivíduos nas garras dela enquanto eles vivessem na ignorância de "ser uma comunidade".

Transformar a subordinação dos poderes do indivíduo aos poderes de uma "comunidade" em uma "necessidade" que esperava "ser atendida" e exigir medidas a serem tomadas de maneira deliberada inverteu a lógica das formas sociais pré-modernas – ainda que ao mesmo tempo, ao "naturalizar" o que era um processo histórico, tenha gerado de um só golpe sua própria legitimação e o mito etiológico de sua "origem", "nascimento" ou "criação". De um ato ou processo de recategorização, integração e condensação de um agregado de indivíduos livremente flutuantes, solitários, mutuamente suspeitos e hostis numa "comunidade" capaz de solicitar com sucesso à autoridade que controle e reprima tais predisposições individuais contrárias às exigências de uma coabitação segura.

Para resumir uma longa história, a *comunidade* pode ser tão velha quanto a humanidade, mas a *ideia* de "comunidade" como condição *sine qua non* da humanidade só poderia ter nascido com a experiência de sua crise. Essa ideia foi construída a partir dos medos que emanavam da desintegração dos ambientes sociais autorreprodutores anteriores – depois chamados, em retrospectiva, de *ancien régime* e registrados no vocabulário das ciências sociais sob o nome de "sociedade tradicional". O moderno "processo civilizador" (o *único* processo que atende por esse nome) foi desencadeado pelo estado de incerteza, para o qual a desagregação e a impotência da "comunidade" foi uma das explicações sugeridas.

A nação, essa inovação eminentemente moderna, foi visualizada à semelhança da "comunidade": deveria ser uma comunidade nova e maior, mais proeminente, projetada na tela grande de uma "totalidade" recém-imaginada – e uma comunidade planejada, feita sob medida para as redes recém-ampliadas de interdependência e intercâmbio humanos. O que mais tarde recebeu o nome de "processo civilizador", numa época em que os desenvolvimentos a que este se refere já estavam rapidamente chegando ao fim ou aparentemente caminhando em sentido contrário, foi uma tentativa constante de regularizar ou repadronizar a conduta humana, não mais submetida às pressões homogeneizantes das vizinhanças autorreprodutoras pré-modernas.

O processo que em retrospecto foi chamado de "civilizador" teve como foco os indivíduos: a nova capacidade de autocontrole dos indivíduos há pouco tempo tornados autônomos deveria assumir o trabalho que antes era feito pelos controles *comunais*, agora não mais disponíveis. Mas a cartada decisiva foi o emprego da capacidade de autocontrole dos indivíduos a serviço do restabelecimento ou reconstituição da "comunidade" num nível mais elevado. Tal como o fantasma do antigo Império Romano assombrava a autoconstituição da Europa feudal, o fantasma da comunidade perdida pairou sobre a constituição das nações modernas. A construção da nação foi concretizada usando o patriotismo – uma disposição induzida (ensinada e aprendida) a sacrificar os interesses individuais pelos interesses compartilhados com outros indivíduos prontos para fazer o mesmo – como principal matéria-prima. Ernest Renan resumiu muito bem essa estratégia: a nação era, ou só poderia viver e sobreviver sendo, o plebiscito cotidiano de seus membros.

Tentando restaurar a historicidade do modelo atemporal de civilização de Freud, Norbert Elias explicou o nascimento do eu moderno (aquela consciência de sua própria "verdade interior", acoplada com a responsabilidade por sua autoconfiança) pela internalização das restrições externas e suas pressões. O processo de construção nacional estava inscrito no espaço entre os poderes panópticos supraindividuais e a capacidade do indivíduo se acomodar às necessidades que esses poderes estabeleciam. A recém-adquirida *liberdade de escolha* individual (incluindo a escolha da autoidentidade) resultante da indeterminação e indefinição sem precedentes da colocação social, causada, por sua vez, pela extinção ou pelo enfraquecimento radical dos vínculos tradicionais, deveria ser empregada, de maneira paradoxal, a serviço da *supressão de escolhas* consideradas prejudiciais à "nova totalidade": a comunidade como Estado-nação.

Quaisquer que possam ser seus méritos pragmáticos, a forma ao estilo panóptico ("disciplinar, punir e governar") de atingir a necessária e pretendida manipulação, assim como a subsequente rotinização das probabilidades comportamentais, era incômoda, custosa e tendia ao conflito. Era também inconveniente, e decerto não a melhor escolha para os detentores do poder, uma vez que impunha constrangimentos severos e inegociáveis à sua própria liberdade de manobra. Não era, porém, a única estratégia pela qual a estabilidade sistêmica mais conhecida pelo nome de "ordem social" poderia ser atingida e assegurada.

Tendo identificado "civilização" com um sistema centralizado de coerção e doutrinação (mais tarde quase o reduzindo, por influência de Michel Foucault, a seu braço coercivo), os cientistas sociais ficaram com poucas possibilidades de escolha, a não ser descrever, de forma errônea, o advento da "condição pós-moderna" (desenvolvimento coincidente com o fortalecimento da sociedade de consumidores) como produto de um "processo descivilizador". O que de fato ocorreu, contudo, foi a descoberta, invenção ou emergência de um método alternativo (menos incômodo, menos custoso e menos tendente ao conflito, mas acima de tudo proporcionando mais liberdade, e portanto mais poder, aos detentores deste) de manipular as probabilidades comportamentais necessárias para sustentar o sistema de dominação reconhecido como ordem social. Outra variedade de "processo civilizador", uma forma alternativa e, ao que parece, mais conveniente pela qual se poderia realizar a tarefa, foi descoberta e estabelecida.

Essa nova maneira, praticada pela sociedade líquido-moderna de consumidores, provoca quase nenhuma dissidência, resistência ou revolta, graças ao expediente de apresentar o novo *compromisso* (o de escolher) como sendo a *liberdade* de escolha. Seria possível dizer que o mais considerado, criticado e insultado oráculo de Jean-Jacques Rousseau – o de que "as pessoas devem ser forçadas a ser livres" – tornou-se realidade, depois de séculos, embora não na forma em que tanto os ardentes seguidores como os críticos severos de Rousseau esperavam que fosse implementado.

De uma maneira ou de outra, a oposição entre os princípios do "prazer" e da "realidade", até pouco tempo considerada implacável, foi anulada: submeter-se às demandas rigorosas do "princípio da realidade" se traduz em cumprir o compromisso de buscar o prazer e a felicidade, e portanto é algo que se vive como um exercício de liberdade e um ato de autoafirmação. Somos tentados a dizer que a fórmula hegeliana reconhecidamente controversa da liberdade como "necessidade compreendida" se tornou autorrealizadora – embora, o que é irônico, só graças a um mecanismo capaz de deixar a parte da "compreensão" fora da reciclagem das pressões da necessidade, transformando-a numa experiência de liberdade. A força punitiva, se aplicada, dificilmente aparece nua e crua; vem disfarçada como resultado de algum "passo em falso", desta ou daquela oportunidade perdida (desperdiçada). Longe de revelar os limites ocultos da liberdade individual e trazê-los à luz, ela os esconde de modo ainda mais seguro, mesmo que indireto, reduzindo a escolha individual (já feita ou por fazer) em seu papel de principal, talvez até única, "diferença que faz diferença" na busca dos indivíduos por felicidade – entre passos eficazes e ineficazes, entre a vitória e a derrota.

Com muita frequência a "localidade" a que os indivíduos permanecem leais e obedientes não entra mais em suas vidas e se confronta com eles na forma de uma negação de sua autonomia individual, ou de um sacrifício obrigatório, como o recrutamento universal e o dever de dar a vida pelo país e pela causa nacional. Em vez disso, apresenta-se na forma de festivais de convívio e pertença comunais, divertidos e prazerosos, realizados em ocasiões como a Copa do Mundo de futebol ou uma partida final de críquete. Submeter-se à "totalidade" não é mais um dever adotado com relutância, incomodidade e muitas vezes oneroso, mas um "patrotenimento", uma folia procurada com avidez e eminentemente festiva.

Carnavais, como Mikhail Bakhtin sugeriu de maneira memorável, tendem a ser interrupções da rotina diária, breves intervalos animados entre sucessivos episódios de cotidianidade enfadonha, pausas em que a hierarquia mundana de valores é temporariamente invertida, os aspectos mais angustiantes da realidade são suspensos por um breve período e os tipos de conduta proibidos ou considerados vergonhosos na vida "normal" são ostensivamente praticados e exibidos.

Os carnavais ao estilo antigo davam uma chance para que a liberdade individual negada na vida diária fosse saboreada de forma arrebatadora. Agora, as oportunidades penosamente inalcançadas são as de se desprender do fardo e esquecer a angústia da individualidade, dissolvendo-se o eu num "buraco maior" e abandonando-o alegremente ao domínio deste, celebrando em breves, porém intensos, festivais de diversão comunal. A função (e o poder sedutor) dos carnavais líquido-modernos está no ressuscitamento momentâneo do convívio que entrou em coma. Tais carnavais são sessões espíritas para as pessoas se reunirem, darem as mãos e invocarem do outro mundo o fantasma da falecida comunidade – seguras em suas consciências de que o convidado não vai ultrapassar o horário-limite do convite, fará apenas uma visita efêmera e se desvanecerá no momento em que terminar a sessão.

Tudo isso não quer dizer que a conduta "normal" dos indivíduos nos dias de semana tenha se tornado aleatória, despadronizada e descoordenada. Só significa que a não aleatoriedade, a regularidade e a coordenação das ações empreendidas individualmente podem ser, e por regra são, atingidas por meios distintos das versões sólido-modernas, não incluindo apenas o policiamento e a cadeia de comandos aplicados por uma totalidade desejosa de ser "maior do que a soma de suas partes" e inclinada a treinar e exercitar a disciplina com suas "unidades humanas".

Em uma sociedade líquido-moderna de consumidores, o *enxame* tende a substituir o *grupo* – com seus líderes, hierarquia de autoridade e estrutura de poder. Um enxame pode passar sem nenhum desses adornos e estratagemas sem os quais um grupo não se formaria nem conseguiria sobreviver. Os enxames não precisam arcar com o peso dessas ferramentas de sobrevivência. Eles se reúnem, se dispersam e se juntam novamente, de uma ocasião para outra, guiados a cada vez por relevâncias diferentes, invariavelmente mutáveis, e atraídos por alvos mutantes e móveis. O poder de sedução dos alvos mutáveis é suficiente para coordenar seus movimentos, de modo que cada ordem ou imposição "lá de cima" se torna redundante. Na verdade, os enxames não têm um "lá em cima"; é apenas a atual direção do voo que coloca algumas unidades do enxame autopropelente na posição de "líderes" que são "seguidos" – durante determinado voo ou parte dele, mas dificilmente por mais tempo.

Os enxames não são equipes; não conhecem a divisão do trabalho. São (tal como os grupos autênticos) nada mais do que a "soma de suas partes", ou agregados de unidades dotadas de autopropulsão, unidas unicamente (para continuar revisitando e revendo Durkheim) pela "solidariedade mecânica", manifestada na reprodução de padrões de comportamento semelhantes e se movendo numa direção similar. Podem ser mais bem visualizados como as imagens de Warhol sem original e infinitamente copiadas, ou com um original descartado após o uso e impossível de ser rastreado e recuperado. Cada unidade do enxame reproduz os movimentos feitos por alguma outra, do começo ao fim e em todas as suas partes (no caso de enxames de consumo, o trabalho realizado dessa forma é o de consumir).

Em um enxame não há especialistas nem detentores de habilidades e recursos distintos (e escassos) cuja tarefa seja capacitar e auxiliar outras unidades a completarem seus trabalhos, ou a compensarem as falhas ou incapacidades das mesmas. Cada unidade é um "pau para toda obra" e precisa do conjunto completo de ferramentas e habilidades necessárias para que o trabalho todo seja realizado. Num enxame não há intercâmbio, cooperação ou complementaridade – apenas a proximidade física e a direção toscamente coordenada do movimento atual. No caso de unidades humanas que sentem e pensam, o conforto de voar num enxame deriva da segurança que os *números* proporcionam: a crença de que a direção do voo deve ter sido escolhida de modo adequado, já que um enxame impressionantemente amplo a está seguindo, a suposição de que tantos seres humanos capazes de sentir, pensar e escolher livremente não poderiam estar ao mesmo tempo enganados. Quando a autoconfiança e o sentimento de segurança se vão, os movimentos milagrosamente coordenados de um enxame são o melhor substituto para a autoridade dos líderes de grupos – e não menos eficazes.

Os enxames, de maneira distinta dos grupos, não conhecem dissidentes nem rebeldes – apenas, por assim dizer, "desertores", "incompetentes" e "ovelhas desgarradas". As unidades que se desviam do corpo principal durante o voo apenas "ficaram para trás", "perderam-se" ou "caíram pelo caminho". Devem procurar seus próprios suprimentos, mas as vidas dos desgarrados solitários não costumam durar muito, já que a chance de encontrarem por si mesmos um alvo realista é muito menor do que no caso de seguirem um enxame, e quando os alvos que alguém persegue são fantasiosos, inúteis ou perigosos, os riscos de perecer se multiplicam.

A sociedade de consumidores tende a romper os grupos ou torná-los eminentemente frágeis e fissíparos, favorecendo a pronta e rápida formação e a difusão de enxames.

O consumo é uma atividade um tanto solitária (talvez até o arquétipo da solidão), mesmo quando, por acaso, é realizado na companhia de alguém.

Da atividade de consumo não emergem vínculos duradouros. Os vínculos que conseguem se estabelecer no ato do consumo podem ou não sobreviver ao ato; podem manter os enxames unidos pela duração do voo (ou seja, até a próxima mudança de alvo), mas são reconhecidamente determinados pela ocasião, sendo frágeis e leves, com pouca influência, se é que possuem alguma, sobre os próximos movimentos das unidades, ao mesmo tempo em que iluminam muito pouco, se é que chegam a iluminar, suas histórias passadas.

Com a sabedoria que vem da experiência, podemos especular que o que mantinha os membros da família em torno da mesa de jantar, e que fez desta um instrumento de integração e reafirmação da família como grupo permanentemente vinculado, era em grande parte o elemento *produtivo* do consumo. Na mesa de jantar, e apenas nela, era possível encontrar comida pronta para comer: a reunião na mesa de jantar comum era o último estágio (distributivo) de um longo processo produtivo iniciado na cozinha ou até fora dela, no campo ou na oficina da família. O que unia os comensais, transformando-os num grupo, era a cooperação, concretizada ou esperada, no processo precedente do trabalho produtivo, e compartilhar o consumo do que foi produzido derivava disso. Podemos supor que a "consequência indesejada" das "*fast food*", "para viagem" ou "comida congelada" (ou talvez sua "função latente" e verdadeira causa da irresistível ascensão de sua popularidade) seja tornar as reuniões em torno da mesa de jantar da família redundantes, pondo um fim ao consumo compartilhado, ou endossar simbolicamente a perda, por um ato de comensalidade (o consumo em conjunto), das onerosas características de estabelecimento e reafirmação de vínculos que teve no passado, mas que se tornaram irrelevantes ou mesmo indesejáveis na sociedade líquido-moderna de consumidores. A "*fast food*" está aí para proteger a solidão dos consumidores solitários.

A participação ativa nos mercados de consumo é a principal virtude que se espera dos membros de uma sociedade de consumo (ou, como preferiria o secretário do Interior, das pessoas "de que o país necessita"). Afinal de contas, quando o "crescimento" avaliado pelo PIB ameaça diminuir, ou ainda mais quando ele cai abaixo de zero, é dos consumidores procurando o talão de cheques ou, melhor ainda, os cartões de crédito, devidamente persuadidos e estimulados, que se espera que "façam a economia ir em frente" – a fim de "tirar o país da recessão".

Tais esperanças e apelos só fazem sentido, é evidente, se dirigidos a pessoas com contas bancárias no azul e uma carteira cheia de cartões de crédito, cidadãos "dignos de crédito" a quem os "bancos que ouvem" irão ouvir, os "bancos que sorriem" irão sorrir e os "bancos que gostam de dizer 'sim'" irão dizer sim.* Não é

---

* Alusão a slogans publicitários de bancos ingleses. (N.T.)

Sociedade de consumidores 103

de surpreender que a tarefa de tornar os membros da sociedade de consumidores dignos de crédito e dispostos a usar até o limite o crédito que lhes foi oferecido está caminhando para o topo da lista dos deveres patrióticos e dos esforços de socialização. Na Grã-Bretanha, viver de crédito e em dívida agora se tornou parte do currículo nacional, planejado, endossado e subsidiado pelo governo. Alunos de universidades, a esperada "elite consumidora" do futuro, e portanto a parcela da nação que promete os maiores benefícios à economia de consumo nos anos vindouros, passam por um período de três a seis anos de treinamento, compulsório em tudo menos no nome, nos usos e habilidades de pegar dinheiro emprestado e viver a crédito. Espera-se que essa obrigatória vida baseada em empréstimos dure o suficiente para se tornar um hábito, varrendo da instituição do crédito ao consumidor os últimos vestígios de opróbrio (trazidos da sociedade de produtores e caracterizados pela caderneta de poupança). E o bastante para que a crença de que jamais pagar uma dívida é uma estratégia de vida inteligente e consistente seja elevada à categoria de "escolha racional" e de "bom senso", e transformada num axioma não mais questionável da sabedoria de vida. Na verdade, o suficiente para transformar a "vida a crédito" numa segunda natureza.

Essa "segunda natureza" pode rapidamente seguir o caminho do treinamento patrocinado pelo governo. Mas a imunidade aos "desastres naturais" e outros "golpes do destino" pode não acompanhá-la. Para o grande deleite dos marqueteiros e políticos, rapazes e moças terão se juntado às fileiras dos "consumidores sérios" muito antes de começarem a ganhar a vida por si mesmos, já que uma pessoa de 20 anos pode agora obter um conjunto de cartões de crédito sem a menor dificuldade (e isso não surpreende, considerando-se que o desafio de se tornar uma mercadoria valorizada, tarefa que exige dinheiro e mais dinheiro, é condição preliminar para ser admitido no "mercado de trabalho"). No entanto, uma pesquisa recente realizada sob os auspícios conjuntos da Financial

Services Authority* e da Universidade de Bristol descobriu que a geração entre 18 e 40 anos de idade (ou seja, a primeira geração adulta criada e amadurecendo numa sociedade de consumo plenamente desenvolvida) é incapaz de administrar suas dívidas ou acumular algo acima de um nível "alarmantemente baixo" de poupanças: só 30% dos indivíduos dessa geração guardaram algum dinheiro para compras futuras, enquanto 42% nada fizeram para garantir alguma perspectiva de pensão e 24% dos jovens (mas apenas 11% das pessoas acima de 50 anos e 6% daquelas acima de 60) estão no vermelho em suas contas bancárias.[13]

Essa vida a crédito, em dívida e sem poupança é um método correto e adequado de administrar os assuntos humanos em todos os níveis, tanto no da política de vida individual como no da política de Estado, que se "tornou oficial" – com a autoridade da mais madura e bem-sucedida das atuais sociedades de consumidores. Os Estados Unidos, que têm a mais poderosa economia do mundo, vista como modelo de sucesso a ser seguido pela maioria dos habitantes do globo que estão em busca de uma vida satisfatória e agradável, talvez estejam mais afundados em dívidas do que qualquer outro país na história. Paul Krugman, que assinala que "em 2006 os Estados Unidos gastaram 57% mais do que ganharam nos mercados mundiais", pergunta "como os norte-americanos têm conseguido viver tão além de seus recursos?", e responde: "Aumentando suas dívidas com o Japão, a China e os países produtores de petróleo do Oriente Médio."[14] Os governantes e cidadãos norte-americanos são viciados em dinheiro estrangeiro (e dependentes dele), da mesma forma que do petróleo importado. O déficit de 300 bilhões de dólares no orçamento federal foi recentemente louvado pela Casa Branca como algo de que se deve ter orgulho só porque haviam sido cortados alguns bilhões das centenas de bilhões do déficit do ano anterior (um cálculo, diga-se de passagem, com grande chance de se mostrar falso antes de terminar o ano fiscal). Os empréstimos contraídos

---

* Órgão responsável pela regulação do sistema financeiro do Reino Unido. (N.T.)

pelos Estados Unidos, tal como as dívidas dos consumidores, destinam-se a financiar o consumo, não o investimento. O dinheiro importado que terá de ser pago mais cedo ou mais tarde (mesmo que a atual administração chegue ao extremo de adiar esse pagamento para as calendas gregas) não é gasto para financiar investimentos potencialmente lucrativos, mas para sustentar o *boom* do consumo e, portanto, o "fator de boa sensação" do eleitorado, assim como para financiar os crescentes déficits federais, exacerbados com regularidade (apesar dos cortes cada vez mais drásticos nos gastos sociais) pela continuidade da redução de impostos para os ricos.

A "redução de impostos para os ricos" não é apenas uma receita para tornar os grandes e poderosos mais felizes ou para pagar as dívidas assumidas por políticos no calor de batalhas eleitorais exorbitantemente caras. Também não basta explicar as políticas de redução de impostos pela inclinação congênita de políticos que costumam vir das camadas mais prósperas (como no caso que talvez seja o mais notório, e também mais divulgado, embora sem proveito, do favorecimento do vice-presidente dos Estados Unidos, Dick Cheney, à companhia Haliburton, a qual ele presidia e cuja gerência ele pode estar pretendendo reassumir ao término de seu mandato), ou pela corruptibilidade dos políticos que vêm das camadas inferiores, incapazes de resistir à tentação de transformar seu sucesso *político*, temporário por natureza, em ativos *econômicos* mais duradouros e confiáveis.

Além de todos esses fatores, que com certeza tiveram papel importante para gerar e sustentar a tendência atual, cortar os impostos dos ricos é parte integrante da tendência geral de transferir a tributação da *renda*, sua base "natural" na sociedade de produtores, para as *despesas* – uma base similarmente "natural" na sociedade de consumidores. Agora é a atividade do consumidor, não a do produtor, que deve supostamente fornecer a interface essencial entre os indivíduos e a sociedade como um todo. É basicamente sua capacidade como consumidor, não como produtor, que define o status do cidadão. É, portanto, certo e adequado, tanto em substância quanto em termos simbólicos, tirar do foco a interação entre direitos e deveres, muitas vezes evocada para legitimar a cobrança e coleta de impostos, substituindo-a pelas escolhas soberanas do consumidor.

De maneira distinta do imposto de renda, o imposto sobre valor agregado, ou IVA, coloca em foco essa liberdade de escolha (do consumidor) que, no senso comum da sociedade de consumidores, define o significado da soberania individual e dos direitos humanos, e que os governos que presidem as sociedades de consumidores ostentam e alardeiam como o tipo de serviço cujo aprovisionamento fornece toda a legitimidade de que seu poder necessita.

· 3 ·

Cultura consumista

Um manual de moda influente, muito lido e respeitado, editado para a temporada outono-inverno por um jornal prestigioso, ofereceu "meia dúzia de visuais-chave para os próximos meses, ... que vão colocar você à frente da tendência de estilo". Essa promessa foi adequada e calculada com habilidade para chamar atenção. Com muita habilidade, na verdade, pois com uma frase curta e ágil conseguiu abordar todas, ou quase todas, as preocupações e os estímulos alimentados pela sociedade de consumidores e nascidos com a vida de consumo.

Em primeiro lugar, a preocupação de "estar e permanecer à frente" (à frente da tendência de estilo – ou seja, no grupo de referência, dos "pares", dos "outros que contam", e cuja aprovação ou rejeição traça a linha entre o sucesso e o fracasso). Nas palavras de Michel Maffesoli, "sou o que sou porque outros me reconhecem como tal", enquanto "a vida social empírica não é senão uma expressão de sentimentos de pertenças sucessivas"[1] – a alternativa sendo uma sucessão de rejeições ou uma exclusão final como penalidade pelo fracasso em abrir caminho para o reconhecimento, seja por meio de força, argumentação ou artimanhas.

Devemos recordar, contudo, que numa sociedade de consumidores, em que os vínculos humanos tendem a ser conduzidos e mediados pelos mercados de bens de consumo, o sentimento de pertença não é obtido seguindo-se os procedimentos administrados e supervisionados por essas "tendências de estilo" aos quais se aspira, mas por meio da própria identificação metonímica do aspirante com a "tendência". O processo de autoidentificação é perseguido, e seus resultados são apresentados com a ajuda de "marcas de pertença" visíveis, em geral encontráveis nas lojas. Nas "tribos pós-modernas" (como Maffesoli prefere denominar as "tendências de estilo" da sociedade de consumo), "figuras emblemáticas" e suas marcas visíveis (dicas que sugerem códigos de vestuário e/ou conduta) substituem os "totens" das tribos originais. *Estar* à frente portando os emblemas das figuras emblemáticas da tendência de estilo escolhido por alguém de fato concederia o reconhecimento e a aceitação desejados, enquanto *permanecer* à frente é a única forma de tornar tal reconhecimento de "pertença" seguro pelo tempo pretendido – ou seja, solidificar o ato singular de admissão, transformando-o em permissão de residência (por um prazo fixo, porém renovável). "*Estar* à frente" indica uma chance de segurança, certeza e de certeza da segurança – exatamente os tipos de experiências de que a vida de consumo sente falta, de modo conspícuo e doloroso, embora seja guiada pelo desejo de adquiri-la.

A referência a "*estar* à frente da tendência de estilo" transmite a promessa de um alto valor de mercado e uma profusão de demanda (ambos traduzidos como certeza de reconhecimento, aprovação e inclusão). E no caso de um pleito amplamente reduzido à exibição de emblemas, que começa com a aquisição de emblemas, passa pelo anúncio público de sua posse e só é considerado completo quando a posse se torna de conhecimento público, o que se traduz, por sua vez, no sentimento de "pertença". A referência a "*estar* à frente" sugere uma preocupação genuína em relação ao perigo de menosprezar o momento em que os atuais emblemas de "pertença" saem de circulação, sendo substituídos por novos, e em que seus portadores desatentos se arriscam a ficar à margem – o que no caso do pleito, mediado pelo mercado, para se tornar membro, traduz-se como o sentimento de ser rejeitado, excluído e abandonado, e em última instância se reflete na dor aguda da inadequação pessoal. Revelando o significado secreto das desgastantes preocupações do consumidor, Mary Douglas esplendidamente sugeriu que uma teoria das necessidades "deveria começar assumindo que qualquer indivíduo precisa de bens para comprometer outras pessoas com seus projetos. ... Os bens servem para mobilizar outras pessoas".[2] Ou pelo menos para o sentimento reconfortante de que tudo que precisava ser feito para atingir essa mobilização foi realizado.

Em segundo lugar, a mensagem vem com data de vencimento: advertência aos leitores – ela serve para "os próximos meses" e nada mais. Ela se adapta bem à experiência do tempo pontilhista composto de instantes, de episódios com tempo fixo e novos começos; ela libera o presente que deve ser explorado, e explorado em sua plenitude, dos tormentos do passado e do futuro, que podem ter impedido a concentração e prejudicado a excitação da livre escolha. Ela oferece o bônus duplo de deixar o consumidor momentaneamente atualizado e ao mesmo tempo portando uma salvaguarda que evite ficar para trás no futuro (ao menos no futuro *previsível*, se é que isso existe). Consumidores experientes com certeza vão captar a mensagem, que os estimulará a se apressarem e os lembrará que não há tempo a perder.

A mensagem, portanto, implica uma advertência que só será negligenciada sob grande risco: seja lá o que você ganhe atendendo com prontidão ao apelo, não vai durar para sempre. Qualquer garantia de segurança que você adquira terá de ser *renovada* quando os "próximos meses" se passarem. Logo, fique atento a esse período. Num romance com o ótimo título *Slowness*, Milan Kundera revela o vínculo íntimo entre velocidade e esquecimento: "O nível da velocidade é diretamente proporcional à intensidade do esquecimento." Por que é assim? Porque o ato de "assumir o palco exige manter outras pessoas fora dele", assumir esse palco especialmente importante conhecido como "atenção do público" (para ser mais exato, a atenção das pessoas marcadas para serem recicladas em consumidores) exige manter fora dele outros objetos de atenção – outros personagens e roteiros, inclusive aqueles montados ontem por pessoas em busca de atenção... "Os palcos", relembra-nos Kundera, "só são iluminados nos primeiros minutos." No mundo líquido-moderno, a lentidão indica a morte social. Nas palavras de Vincent de Gaulejac, "como todas as pessoas avançam, quem ficar parado será inevitavelmente separado dos outros por um espaço cada vez maior".[3] O conceito de "exclusão" sugere, de maneira enganosa, a ação de alguém – transportando o objeto para longe do lugar que ocupava; na verdade, com muita frequência é "a estagnação que exclui".

Em terceiro lugar, já que não apenas um, mas "meia dúzia" de visuais está em oferta no momento, você de fato está livre (mesmo que – esta advertência é muito necessária! – o espectro de ofertas atuais estabeleça um limite intransponível em torno de suas escolhas). Você pode escolher o seu visual. Escolher em si – optar por algum visual – não é a questão, uma vez que é isso que você *deve* fazer, só podendo desistir ou evitar fazê-lo sob risco de exclusão. Você também não é livre para influenciar o conjunto de opções disponível para escolha: não há outras alternativas possíveis, pois todas as possibilidades realistas e aconselháveis já foram pré-selecionadas, pré-certificadas e prescritas.

Mas estas amolações todas – a pressão do tempo, a necessidade de se insinuar diante da "tendência de estilo" – não importam caso eles lancem o olhar sobre você, notem e registrem seu traje e suas maneiras, ou o número de escolhas estritamente limitado que você pode fazer (só "meia dúzia"). O que de fato importa é que quem está no comando agora é *você*. E no comando você deve estar: a *escolha* pode ser sua, mas lembre-se de que *fazer uma escolha* é obrigatório. Ellen Seiter observa que "roupas, móveis, discos, brinquedos – todas as coisas que compramos envolvem decisões e exercitam nossa avaliação e nosso 'gosto'", mas se apressa em comentar: "Obviamente, para começo de conversa, não controlamos o que nos está disponível para escolher."[4] Da mesma forma, na cultura de consumo, escolha e liberdade são dois nomes da mesma condição, e tratá-las como sinônimas é correto pelo menos no sentido de que você só pode abstrair-se da escolha se ao mesmo tempo subjugar sua liberdade.

O desvio seminal que separa de forma mais drástica a síndrome cultural consumista de sua predecessora *produtivista*, o que congrega o conjunto de diferentes impulsos, intuições e propensões e eleva esse agregado à condição de um plano de vida coerente, parece ser a *revogação dos valores vinculados respectivamente à duração e à efemeridade*.

A síndrome cultural consumista consiste, acima de tudo, na negação enfática da virtude da procrastinação e da possível vantagem de se retardar a satisfação – esses dois pilares axiológicos da sociedade de produtores governada pela síndrome produtivista.

Na hierarquia herdada de valores reconhecidos, a síndrome consumista degradou a duração e elevou a efemeridade. Ela ergue o valor da novidade acima do valor da permanência. Reduziu drasticamente o espaço de tempo que separa não apenas a vontade de sua realização (como muitos observadores, inspirados ou enganados por agências de crédito, já sugeriram), mas o momento de nascimento da vontade do momento de sua morte, assim como a percepção da utilidade e vantagem das posses de sua compreensão como inúteis e precisando de rejeição. Entre os objetos do desejo humano, ela colocou o ato da apropriação, a ser seguido com rapidez pela remoção do lixo, no lugar que já foi atribuído à aquisição de posses destinadas a serem duráveis e a terem um aproveitamento duradouro.

Entre as preocupações humanas, a síndrome consumista coloca as precauções contra a possibilidade de as coisas (animadas ou inanimadas) *abusarem da hospitalidade* no lugar da técnica de *segurá-las de perto*, e da vinculação e do comprometimento de longo prazo (para não dizer interminável). Também encurta radicalmente a expectativa de vida do desejo e a distância temporal entre este e sua satisfação, assim como entre a satisfação e o depósito de lixo. A *"síndrome consumista"* envolve velocidade, excesso e desperdício.

Consumidores plenos não ficam melindrados por destinarem algo para o lixo; *ils (et elles, bien sûr) ne regrettent rien*. Como regra, aceitam a vida curta das coisas e sua morte predeterminada com equanimidade, muitas vezes com um prazer disfarçado, mas às vezes com a alegria incontida da comemoração de uma vitória. Os mais capazes e sagazes adeptos da arte consumista sabem que se livrar de coisas que ultrapassaram sua data de vencimento (leia-se: desfrutabilidade) é um evento a se *regozijar*. Para os mestres dessa arte, o valor de cada objeto e de todos eles está tanto em suas virtudes como em suas limitações. As falhas já conhecidas e aquelas a serem (inevitavelmente) reveladas graças a sua predeterminada e preordenada obsolescência (ou envelhecimento "moral", para distinguir do envelhecimento físico, na terminologia de Karl Marx) prometem uma renovação e um rejuvenescimento iminentes, novas aventuras, novas sensações, novas alegrias. Numa sociedade de consumidores, a perfeição (se tal noção ainda se sustenta) só pode ser uma qualidade coletiva da massa, de uma multiplicidade de objetos de desejo; o prolongado ímpeto da perfeição agora requer menos o aperfeiçoamento das coisas do que sua rápida e profusa circulação.

E assim, permitam-me repetir, uma sociedade de consumo só poder ser uma sociedade do excesso e da extravagância – e, portanto, da redundância e do desperdício pródigo. Quanto mais fluidos seus ambientes de vida, mais objetos de consumo potenciais são necessários para que os atores possam garantir suas apostas e assegurar suas ações contra as trapaças do destino (o que, na linguagem sociológica, ganhou o nome de "consequências imprevistas"). O excesso, contudo, aumenta ainda mais a incerteza das escolhas que ele pretendia abolir, ou pelo menos mitigar ou aliviar – e assim é improvável que o excesso já atingido venha a se tornar excessivo o suficiente. As vidas dos consumidores tendem a continuar sendo sucessões infinitas de tentativas e erros. São uma experimentação contínua – mas que oferece poucas esperanças de ser um *experimentum crucis* que pudesse guiar os experimentadores a uma terra da certeza mapeada e sinalizada de modo confiável.

Garanta suas apostas – essa é a regra de ouro da racionalidade do consumidor. Nessas equações de vida há muitas variáveis e poucas constantes, e as primeiras mudam de valor com muita frequência e rapidez para que se possa acompanhar suas mudanças, e muito menos prever suas voltas e reviravoltas futuras.

A garantia, com frequência repetida, de que "este é um país livre" significa: é sua responsabilidade o tipo de vida que deseja levar, como resolve vivê-la e os tipos de escolha que você faz para que seu projeto se concretize; culpe a si mesmo, e a ninguém mais, se tudo isso não resultar na felicidade que você esperava. Ela sugere que a alegria da emancipação está intimamente ligada ao horror da derrota.

As duas implicações não podem ser separadas. A liberdade tende a trazer riscos incalculáveis de aventuras que fluem para o lugar deixado vago pela certeza do tédio. Embora não haja dúvida de que prometa sensações deliciosamente revigorantes, já que novas, as aventuras também são um presságio da humilhação provocada pelo fracasso e da perda de autoestima que provêm da derrota. No momento em que todo o espectro de seus riscos, relativizados de maneira despreocupada na rota da aventura, torna-se evidente por estar a caminho, o tédio, o veneno da certeza justificadamente repreendido e reprovado, tenderá a ser esquecido e perdoado: logo chega o seu turno de relativização da escala e da abominação de seus desconfortos.

A chegada da liberdade, no avatar escolhido pelo consumidor, tende a ser vista como um ato estimulante de *emancipação* – seja das obrigações angustiantes e proibições irritantes, ou das rotinas monótonas e maçantes. Logo que a liberdade se estabelece e se transforma em outra rotina diária, um novo tipo de terror, não menos apavorante do que aqueles que a liberdade deveria banir, empalidece as memórias de sofrimentos e rancores do passado: o terror da *responsabilidade*. As noites que se seguem aos dias de rotina obrigatória são cheias de sonhos de se emancipar das restrições. As noites subsequentes aos dias de escolha obrigatória são cheias de sonhos de se emancipar da responsabilidade.

Portanto, é notável, mas não surpreendente, que os dois argumentos, apresentados por filósofos desde o início da transformação moderna, mais poderosos e persuasivos a respeito da necessidade de uma "sociedade" (significando neste caso uma autoridade que endosse e monitore um sistema abrangente de regras, normas, restrições, proibições e sanções) tenham sido estimulados pelo reconhecimento de ameaças físicas e cargas espirituais endêmicas à condição de liberdade.

O primeiro deles, articulado por Hobbes, minuciosamente elaborado por Durkheim e transformado em pressuposto tácito incorporado ao senso comum da filosofia e da ciência social por volta da metade do século XX, apresentava a coerção societária e as restrições impostas pela regulação normativa à liberdade individual como um meio necessário, inevitável e, no final das contas, salutar e benéfico de proteger o convívio humano da "guerra de todos contra todos", e os indivíduos de uma vida "desagradável, brutal e curta". O fim da coerção social administrada pelas autoridades, diziam os defensores desse argumento (se esse fim fosse de todo viável ou mesmo imaginável), não iria libertar os indivíduos. Pelo contrário, só os tornaria incapazes de resistir aos mórbidos estímulos de seus próprios instintos, essencialmente antissociais. Iriam se tornar vítimas de uma escravidão muito mais horripilante do que a que poderia ser produzida por todas as pressões das duras realidades sociais. Freud apresentaria a coerção socialmente exercida e a resultante limitação das liberdades individuais como a própria essência da civilização: civilização sem coerção seria algo impensável, devido ao "princípio do prazer" (tal como o estímulo a procurar satisfação sexual ou a inclinação inata dos seres humanos à preguiça), que guiaria a conduta individual para a terra desolada da não sociabilidade, se não fosse restringido, limitado e contrabalançado pelo "princípio da realidade", ajudado pelo poder e operado pela autoridade.

O segundo argumento em favor da necessidade – na verdade, inevitabilidade – de uma regulação normativa operada socialmente, e portanto também de uma coerção social restringindo a liberdade individual, foi baseado numa premissa bem diversa: a do desafio ético a que os seres humanos estão expostos pela própria presença de outros, pelo "apelo silencioso da face do Outro". Esse desafio precede todos os ambientes ontológicos socialmente criados e construídos, administrados e monitorados – os quais tentam neutralizar, ordenar e limitar o desafio dessa responsabilidade, de outro modo ilimitada, a fim de torná-la sustentável e passível de convivência.

Nessa versão, mais amplamente elaborada por Emmanuel Levinas, mas também trabalhada por Knud Løgstrup em seu conceito de "demanda [ética] implícita", a sociedade é vista basicamente como um dispositivo para reduzir a responsabilidade pelo outro, essencialmente incondicional e ilimitada, a um conjunto de prescrições e proscrições mais de acordo com a capacidade humana de se arranjar. Como sugere Levinas, a principal função da regulação normativa, e também a principal causa de sua inevitabilidade, é transformar a responsabilidade essencialmente *incondicional* e *ilimitada* pelo Outro em *condicional* (em circunstâncias selecionadas, devidamente enumeradas e definidas com clareza) e *limitada* (a um grupo seleto de "outros", consideravelmente menor do que a totalidade dos seres humanos, e o que é mais importante, mais exíguo e portanto mais fácil de manejar do que a indefinida soma total de "outros" que pode acabar despertando o sentimento de responsabilidade inalienável e ilimitada nos sujeitos). No vocabulário de Knud Løgstrup, um pensador cujo ponto de vista é bastante próximo ao de Levinas – que insiste, como este, na primazia da ética sobre as realidades da vida em sociedade e que convoca o mundo a prestar contas por não conseguir se elevar aos padrões da responsabilidade ética –, poderíamos dizer que a sociedade é um arranjo para tornar audível (ou seja, específica e codificada) uma demanda ética teimosa e irritantemente silenciosa (porque inespecífica), reduzindo desse modo a infinita multiplicidade de opções que tal ordem implica a um espectro muito mais estreito e manejável de obrigações explicitadas com maior ou menor clareza.

O advento do consumismo solapou a credibilidade e o poder de persuasão de ambos os argumentos – de maneiras diferentes em cada caso, embora pela mesma razão. Esta pode ser identificada no processo, cada vez mais evidente e ainda em expansão, de desmantelamento do sistema, antes abrangente, de regulação normativa. Parcelas cada vez maiores da conduta humana têm sido liberadas da padronização, da supervisão e do policiamento explicitamente sociais (para não dizer endossados por uma autoridade e apoiados por sanções oficiais), relegando um conjunto crescente de responsabilidades, antes socializadas, ao encargo de indivíduos. Num ambiente desregulamentado e privatizado que se concentra nas preocupações e atividades de consumo, a responsabilidade pelas escolhas, as ações que se seguem a tais escolhas e as consequências dessas ações caem sobre os ombros dos atores individuais. Como assinalou Pierre Bourdieu duas décadas atrás, a coerção tem sido amplamente substituída pela estimulação, os padrões de conduta antes obrigatórios, pela sedução, o policiamento do comportamento, pela publicidade e pelas relações públicas, e a regulação normativa, pela incitação de novos desejos e necessidades.

O advento do consumismo parece ter privado os dois argumentos previamente discutidos de uma boa dose da credibilidade que a princípio supunha-se que fossem dotados, pois as consequências catastróficas de abandonar ou enfraquecer a regulação normativa socialmente administrada, que eles previram como inescapáveis, deixaram de se materializar.

Embora a profusão e a intensidade de antagonismos e conflitos abertos entre indivíduos – que se seguem à progressiva desregulamentação e privatização das funções que eram, no passado, desempenhadas socialmente, assim como do volume dos danos que elas são capazes de infligir ao tecido social – sejam temas de um debate permanente, a sociedade desregulamentada e privatizada de consumidores ainda está longe da visão horripilante de Hobbes, e não parece estar se aproximando dela. E a privatização explícita da responsabilidade também não levou à incapacitação dos sujeitos, sobrecarregados pela enormidade do desafio, como estava implícito nas visões de Levinas e Løgstrup – embora o destino da consciência ética e do comportamento moralmente motivado de fato provoque numerosas, graves e justificadas preocupações.

Parece provável (embora o júri ainda não esteja presente) que, uma vez expostos à lógica dos mercados de bens de consumo e com a obrigação de fazer suas próprias escolhas, os consumidores encontrem invertida a balança de poder entre os princípios do prazer e da realidade. É o "princípio da realidade" que agora se presume estar no banco dos réus. Em caso de conflito entre os dois princípios que antes se julgava em oposição implacável (de modo algum uma conclusão óbvia, como sugeri anteriormente), é provável que o princípio da realidade viesse a ser mais pressionado e forçado a um recuo, à autolimitação e à conciliação. Parece existir pouco a ganhar ao se atender aos "fatos sociais" duros e rápidos considerados irresistíveis e indomáveis no tempo de Émile Durkheim – enquanto cuidar do infinitamente ampliável princípio do prazer promete ganhos e lucros ampliáveis para sempre. As já flagrantes e ainda crescentes "suavidade" e flexibilidade dos "fatos sociais" líquido-modernos ajudam a emancipar a busca do prazer de suas antigas limitações (agora censuradas como irracionais) e a abrem por completo à exploração do mercado.

As guerras de reconhecimento (também interpretáveis como pleitos de legitimação) travadas na esteira das sucessivas conquistas do princípio do prazer tendem a ser breves e quase perfunctórias, já que seu resultado vitorioso é, na grande maioria dos casos, uma conclusão óbvia. A principal vantagem do "princípio da realidade" sobre o "princípio do prazer" costumava se basear nos amplos recursos (sociais, supraindividuais) controlados pelo primeiro quando confrontado com as forças muito mais débeis (individuais apenas) das quais dependia o segundo, mas isso foi bastante reduzido, se não anulado e invalidado, em consequência dos processos de desregulamentação e privatização. Cabe agora aos consumidores individuais estabelecer (e fixar, se isso for viável e desejável) as realidades que poderiam alimentar as demandas da versão líquida do princípio da realidade, assim como perseguir os alvos ditados pelo princípio do prazer.

No argumento articulado e apresentado por Levinas, a tarefa de reduzir a amplitude supra-humana da responsabilidade ética à condição de uma sensibilidade humana comum, o poder de avaliação e a capacidade de agir também tendem a ser, exceto em algumas áreas selecionadas, "terceirizados" a indivíduos, homens e mulheres. Na ausência de uma tradução autorizada da "demanda silenciosa" em um inventário finito de obrigações e proscrições, agora cabe aos indivíduos estabelecer os limites de sua responsabilidade por outros seres humanos e traçar a linha que divide o plausível do implausível nas intervenções morais – assim como decidir até onde estão prontos para ir ao sacrificarem seu próprio bem-estar para cumprir as responsabilidades morais de outros.

Uma vez transferida aos indivíduos, essa tarefa se torna esmagadora, já que o estratagema de se esconder por trás de uma autoridade reconhecida e aparentemente invencível que se proponha a tirar a responsabilidade (ou pelo menos uma parte importante dela) de seus ombros não é mais uma opção viável ou segura. Enfrentar uma tarefa tão assustadora lança os atores num estado de permanente e incurável incerteza; com muita frequência, leva a uma autorreprovação angustiante e humilhante. No entanto, o resultado geral da privatização e terceirização da responsabilidade se mostra um pouco menos incapacitante para o eu moral e os atores morais do que Levinas e seus discípulos, inclusive eu, poderíamos esperar. De alguma forma, encontrou-se um modo de aliviar seu impacto potencialmente devastador e limitar o prejuízo. Existe, ao que parece, uma profusão de agências comerciais ávidas por apanhar as tarefas abandonadas pela "grande sociedade" e vender seus serviços a consumidores acabrunhados, ignorantes e confusos.

Sob o regime desregulamentado e privatizado, a fórmula do "alívio da responsabilidade" permaneceu muito semelhante ao que era nos estágios iniciais da história moderna: a injeção de uma dose de clareza genuína ou putativa numa situação desesperadoramente opaca mediante a substituição (para ser mais exato, a dissimulação) da complexidade desgastante em termos intelectuais da tarefa por uma lista finita e mais ou menos abrangente de regras do tipo "deve" e "não deve". Agora como então, os atores individuais são estimulados e persuadidos a confiar em autoridades das quais se espera que descubram o que a demanda silenciosa exige que façam nesta ou naquela situação e até que ponto (e não mais) sua responsabilidade incondicional os obriga a avançar nas condições atuais.

Os conceitos de responsabilidade e escolha responsável, que antes residiam no campo semântico do dever ético e da preocupação moral pelo Outro, transferiram-se ou foram levados para o reino da autorrealização e do cálculo de riscos. Nesse processo, "o Outro" como desencadeador, alvo e critério de uma responsabilidade reconhecida, assumida e concretizada, praticamente desapareceu de vista, afastado ou sobrepujado pelo eu do próprio ator. "Responsabilidade" agora significa, no todo, *responsabilidade em relação a si próprio* ("você deve isso a si mesmo", "você merece", como dizem os corretores do "alívio da responsabilidade"), enquanto "escolhas responsáveis" são, no geral, os gestos que atendem aos nossos interesses e satisfazem os desejos do eu.

O resultado não é muito diferente dos efeitos "adiaforizantes" do estratagema praticado pela burocracia sólido-moderna, que substituía a "responsabilidade *por*" (o bem-estar e a dignidade do Outro) pela "responsabilidade *perante*" (o superior, a autoridade, a causa e seus porta-vozes). Os efeitos adiaforizantes (ou seja, que declaram certas ações impregnadas de escolhas morais "eticamente neutras" e as isentam de avaliação e censura éticas) tendem, contudo, a ser atingidos em nossos dias principalmente por meio da substituição da "responsabilidade *pelos outros*" pela "responsabilidade perante *si próprio*" e pela "responsabilidade para *consigo mesmo*" reunidas numa só. A vítima colateral do salto para a versão consumista da liberdade é o Outro como objeto de responsabilidade ética e preocupação moral.

Podemos voltar agora às três mensagens assinaladas e brevemente examinadas no início deste capítulo.

Todas as três mensagens anunciam, em conjunto e em uníssono, um estado de emergência. Com certeza, nada de novo até aqui – apenas outra reiteração da garantia frequentemente repetida de que a perpétua vigilância, a presteza constante para ir aonde se deve ir, o dinheiro que precisa ser gasto e os trabalhos que têm de ser feitos nesse caminho são corretos e adequados. Alertas (laranjas? vermelhos?) são ligados, novos inícios repletos de promessas e novos riscos cheios de ameaças estão à frente. Toda a parafernália exigida para fazer as escolhas certas (para exercer a inalienável responsabilidade *perante* e *para* consigo mesmo), os dispositivos ou rotinas adequados e as instruções seguras sobre como operá-los em seu próprio proveito estão esperando em algum lugar próximo, com certeza alcançável, e podem ser encontrados com um pouco de astúcia e esforço. Agora, como antes, a questão é nunca perder esse momento que convoca à ação. Do contrário, o ator infeliz, desatento ou distraído, negligente ou preguiçoso, fica atrás e não à frente da "tendência de estilo". Desprezar a apatia dos mercados de consumo e tentar se basear em instrumentos e rotinas que fizeram esse trabalho no passado simplesmente não vai funcionar.

Em seu notável estudo das mudanças decisivas que estão ocorrendo hoje em dia em nossa percepção e experiência do tempo, Nicole Aubert aponta o papel crucial desempenhado pelo "estado de emergência" e a disposição ou "urgência" que esse estado, uma vez declarado, deve, pelo que se espera e calcula, semear, disseminar e fortalecer.[5] Ela sugere que nas sociedades atuais o estado e a disposição de "emergência" satisfazem uma série de necessidades existenciais que em outros tipos de sociedade tendem a ser reprimidas ou desatendidas, ou então satisfeitas por meio de estratagemas muito diferentes. Os novos expedientes, com os quais ela disseca a estratégia de um sentimento de *urgência* intenso e cultivado de maneira ampla, fornecem tanto a indivíduos como a instituições um alívio *ilusório*, embora bastante eficaz, em seus esforços para atenuar as consequências, potencialmente devastadoras, das agonias da escolha endêmica na condição da liberdade de consumo.

Uma das ilusões mais importantes é fornecida pela condensação momentânea da energia, em outras circunstâncias difusa, motivada pelo alerta. Quando chega ao ponto de autocombustão, a acumulação do poder de agir traz um alívio (ainda que breve) em relação às dores da inadequação que assombram a vida cotidiana dos consumidores. Os indivíduos com os quais Aubert conversou e que ela observou de perto (indivíduos, permitam-me explicar, treinados e instruídos nas artes da vida de consumo, e que por essa razão se tornaram intolerantes a toda e qualquer frustração, não podendo mais aguentar o adiamento da satisfação que sempre esperaram ser imediata), "tendo de certa forma se fixado no momento presente, numa lógica do 'sem atraso', mergulham na ilusão de um poder capaz de conquistar o tempo", abolindo-o de vez (por algum tempo!) ou ao menos mitigando seu impacto frustrante.

Seria difícil exagerar o poder curativo ou tranquilizador dessa ilusão de domínio sobre o tempo – o poder de dissolver o futuro no presente e de resumi-lo no "agora". Se, como afirma Alain Ehrenberg de maneira convincente,[6] os sofrimentos humanos mais comuns nos dias de hoje tendem a se desenvolver a partir de um excesso de *possibilidades*, e não de uma profusão de *proibições*, como ocorria no passado, e se a oposição entre possível e impossível superou a antinomia do permitido e do proibido como arcabouço cognitivo e critério essencial de avaliação e escolha da estratégia de vida, deve-se apenas esperar que a depressão nascida do terror da *inadequação* venha substituir a neurose causada pelo horror da *culpa* (ou seja, da acusação de *inconformidade* que pode se seguir à quebra das regras) como a aflição psicológica mais característica e generalizada dos habitantes da sociedade de consumidores.

Como é demonstrado pela trivialidade de usos linguísticos como "ter tempo", "faltar tempo" e "ganhar tempo", as preocupações em igualar a velocidade e o ritmo do fluxo do tempo com uma intensidade de intenções individuais e um zelo por ações individuais ocupam lugar de honra entre nossas ansiedades mais frequentes, enervantes e desgastantes. Por conseguinte, a incapacidade de atingir o ajuste perfeito entre o esforço e sua recompensa (em particular a incapacidade revelada de modo sistemático e que com o tempo solapa a crença na própria supremacia) pode ser uma fonte prolífica do "complexo de inadequação", essa grande aflição da vida líquido-moderna. Na verdade, entre as interpretações comuns do fracasso, apenas a falta de dinheiro pode hoje em dia competir com a ausência de tempo.

Dificilmente haveria outra proeza capaz de oferecer um alívio mais eficaz (ainda que de curta duração) para o complexo de inadequação do que um esforço extraordinariamente intenso empreendido com e sob a influência de um estado de emergência. Como relatou um dos conceituados profissionais entrevistados por Aubert, em tais momentos ele se sentia não exatamente o dono do mundo, mas quase... Tinha o sentimento de "viver com mais intensidade" e encontrava enorme prazer nessa emoção. Tinha prazer, em suas próprias palavras, com a súbita injeção de adrenalina que lhe dava a impressão de "poder sobre o tempo, sobre complexos processos, relações, interações...". A capacidade curativa da satisfação experimentada durante um estado de emergência podia até sobreviver à sua causa. Como contou outro entrevistado de Aubert, o maior benefício de lidar com uma tarefa urgente era a pura intensidade do momento vivido. O conteúdo da tarefa e a causa da urgência deviam ser puramente acidentais, não essenciais, já que eram quase esquecidos. O que era lembrado, contudo, e com carinho, era o alto nível de intensida-

Cultura consumista

de e a evidência tranquilizadora, a prova até mesmo conclusiva da própria habilidade de se mostrar à altura do desafio.

Outro serviço que uma existência vivida sob estados de emergência recorrentes ou quase perpétuos (ainda que produzidos de maneira artificial ou enganosamente proclamados) pode oferecer à saúde mental de nossos contemporâneos é uma versão atualizada da "caça à lebre" de Blaise Pascal, ajustada a um novo ambiente social. Trata-se de uma caçada que, em total oposição a uma lebre já morta, cozinhada e consumida, deixa o caçador com muito pouco tempo, ou mesmo nenhum, para refletir sobre a brevidade, o vazio, a falta de significado ou a inutilidade de suas ações mundanas e, por extensão, de sua vida na Terra como um todo. Ciclos sucessivos de recuperar-se do último alerta e se preparar e reunir forças para o próximo, atravessar uma vez mais o momento de emergência e de novo se recuperar de suas tensões e do dispêndio de energia que agir sob pressão provocou, podem preencher todos os potenciais "buracos vazios" da vida, que de outra forma poderiam ser preenchidos pela insuportável consciência das "coisas derradeiras", só provisoriamente reprimida. Coisas que, em nome da sanidade e do desfrute da vida, seria melhor esquecer. Mais uma vez citando Aubert:

> A atividade permanente, uma urgência após a outra, dá a segurança de uma vida plena ou de uma "carreira de sucesso", únicas provas de autoafirmação num mundo em que as referências ao "além" estão ausentes e onde a existência, com sua finitude, é a única certeza. ... Quando estão em ação, as pessoas pensam a curto prazo – em coisas a serem feitas de imediato ou num futuro muito próximo. ... Com muita frequência, a ação é a única forma de escapar do eu, um remédio para a angústia.[7]

E permitam-me acrescentar que, quanto mais intensa a ação, mais confiável seu poder terapêutico. Quanto mais fundo se mergulha na urgência de uma tarefa imediata, mais longe fica a angústia – ou pelo menos ela vai parecer menos intolerável se fracassar o esforço de mantê-la afastada.

Por fim, há mais um serviço crucial que pode ser prestado por vidas dominadas por alertas e urgências e totalmente consumidas por esforços para enfrentar sucessivas emergências – desta vez para as companhias que operam a economia consumista, que lutam pela sobrevivência em condições de competição acirrada e obrigadas a adotar estratégias que provavelmente provocam forte resistência em seus empregados e, em última instância, ameaçam a capacidade das empresas de agir com eficácia.

Nos dias de hoje, a prática gerencial de provocar uma atmosfera de urgência, ou apresentar um estado de coisas comum como um estado de emergência, é cada vez mais reconhecida como um método bastante eficaz, e preferido por muitos executivos, de persuadir os gerenciados a aceitarem placidamente até mesmo as mudanças mais drásticas que atingem no âmago suas ambições e expectativas – ou, na verdade, sua própria vida. "Declare estado de emergência – e continue governando" parece ser a receita gerencial cada vez mais popular para a dominação incontestada e para se prosseguir impune com os ataques intoleráveis e insidiosos ao bem-estar dos empregados; ou para se livrar da mão de obra indesejada tornada redundante nos sucessivos rounds de "racionalização" ou venda de ativos.

Nem o aprendizado ou o esquecimento podem escapar do impacto da "tirania do momento", auxiliada e instigada pelo contínuo estado de emergência, e do tempo dissipado numa série de "novos começos" heterogêneos e aparentemente (embora de forma enganosa) desconectados. A vida de consumo não pode ser outra coisa senão uma vida de aprendizado rápido, mas também precisa ser uma vida de esquecimento veloz.

Esquecer é tão importante quanto aprender – se não for mais. Há um "não deve" para cada "deve", e qual dos dois revela o verdadeiro objetivo do ritmo assombroso da renovação e da remoção, e qual deles é apenas uma medida auxiliar para garantir que o objetivo seja atingido é uma questão irremediavelmente discutível e cronicamente insolúvel. O tipo de informação/

instrução capaz de aparecer em maior profusão no "manual de moda" que citei e numa série de outros manuais semelhantes é da variedade "o destino *neste outono* é a Carnaby Street da década de 1960" ou "a atual tendência gótica é perfeita *para este mês*". Este outono, é evidente, é de todo diferente do último verão, e este mês não se parece nem um pouco com os últimos meses. E assim o que era perfeito para o mês passado é tudo menos isso neste mês, da mesma forma que o destino do último verão está a anos-luz do destino deste outono. "Sapatilhas de balé? É hora de se livrar delas."; "Alças espaguete? Não há lugar para elas nesta estação."; "Esferográficas? O mundo fica melhor sem elas." O apelo a "abrir sua *nécessaire* e dar uma olhada lá dentro" deve ser seguido pela exortação de que "*a próxima estação* tem a ver com cores muito fortes", por sua vez seguida de perto pela advertência de que "o bege e seus parentes seguros, mas monótonos, já tiveram a vez deles. ... *Jogue-os fora* agora mesmo". O "monótono bege", é claro, não pode ser passado no rosto em simultâneo com as "cores muito fortes". Uma das paletas tem de ceder sua vez. Tornar-se redundante. Outro resíduo, ou "vítima colateral", do progresso. Algo a ser descartado. E depressa.

Mais uma vez, o problema do ovo e da galinha... Será que você deve "jogar fora" o bege para preparar seu rosto para receber cores fortes, ou será que as cores fortes estão transbordando das prateleiras dos supermercados a fim de garantir que o novo suprimento de bege seja de fato "jogado fora agora mesmo"?

Muitos dos milhões de mulheres que agora jogam fora o bege para encher suas *nécessaires* de cores vivas provavelmente diriam que mandar o bege para a lata do lixo é um efeito colateral triste, mas necessário, da renovação e do aperfeiçoamento da maquiagem, e um sacrifício triste, mas inevitável, que deve ser feito para se acompanhar o progresso. Mas é provável que alguns gerentes dos milhares que solicitam o reabastecimento das lojas de departamentos admitam, num momento de sinceridade, que encher as prateleiras de cosméticos de cores fortes foi estimulado pela necessidade de abreviar a vida útil dos beges – mantendo assim ativo o tráfego em torno dos depósitos, a economia em expansão e os lucros em ascensão. O PIB, índice oficial do bem-estar de uma nação, não é medido pela quantidade de dinheiro que troca de mãos? O crescimento econômico não é impulsionado pela energia e atividade dos *consumidores*? E o consumidor que não é ativo em se livrar de propriedades usadas e obsoletas (na verdade, do que tenha sobrado das compras de ontem) é um paradoxo – como um vento que não sopre ou um rio que não corra.

Parece que *ambas* as respostas acima estão corretas: são complementares, não contraditórias. Numa sociedade de consumidores e numa era em que a "política de vida" está substituindo a Política que antes portava um "P" maiúsculo, o verdadeiro "ciclo econômico", aquele que de fato mantém a economia em expansão, é o ciclo do "compre, desfrute, jogue fora". O fato de duas respostas aparentemente contraditórias poderem estar corretas ao mesmo tempo é a maior proeza da sociedade de consumidores – e, como é possível demonstrar, a chave para sua surpreendente capacidade de autorreprodução e expansão.

A vida do consumidor, a vida de consumo, não se refere à aquisição e posse. Tampouco tem a ver com se livrar do que foi adquirido anteontem e exibido com orgulho no dia seguinte. Refere-se, em vez disso, principalmente e acima de tudo, a *estar em movimento*.

Se Max Weber estava certo e o princípio ético da vida produtiva era (e sempre precisou ser se o propósito era uma vida produtiva) o *atraso* da satisfação, então a orientação ética da vida de consumo (se é que a ética desse tipo de vida pode ser apresentada na forma de um código de comportamento prescrito) tem de ser evitar *estar satisfeito*. Para um tipo de sociedade que proclama que a satisfação do consumidor é seu único motivo e seu maior propósito, um consumidor *satisfeito* não é motivo nem propósito – e sim a ameaça mais apavorante.

O que se aplica à sociedade de consumidores também se aplica a seus membros individuais. A satisfação deve ser apenas uma experiência momentânea, algo que, se durar muito tempo, deve-se temer, e não ambicionar – a satisfação duradoura, de uma vez por todas, deve parecer aos consumidores uma perspectiva bem pouco agradável. Na verdade, uma catástrofe. Como diz Dan Slater, a cultura de consumo "associou a satisfação à estagnação econômica: nossas necessidades não podem ter fim ... (Ela) exige que nossas necessidades sejam insaciáveis e que ao mesmo tempo procurem mercadorias para sua satisfação".[8] Ou talvez pudéssemos dizer: somos impulsionados e/ou atraídos a procurar incessantemente por satisfação, mas também a temer o tipo de satisfação que nos faria interromper essa procura.

Conforme o tempo passa, não precisamos mais ser impulsionados ou atraídos para nos sentirmos assim e agirmos de acordo com tais sentimentos. Não resta nada a ser desejado? Nada a perseguir? Nada com que sonhar na esperança de que se concretize ao acordarmos? Será que alguém está inclinado a se conformar de uma vez por todas com o que *tem* (e assim, por substituição, com o que *é*)? Nada mais de novo e extraordinário para abrir caminho até o palco da atenção, e nada nesse palco que se possa usar e depois descartar? Tal situação – de curta duração, pelo que se espera – só pode receber um nome: "tédio". Os pesadelos que assombram o *Homo consumens* são coisas, animadas ou inanimadas, ou as sombras delas – que ameaçam ficar por mais tempo do que deveriam, espalhando-se pelo palco de forma desordenada.

Não é a criação de *novas necessidades* (alguns dizem "necessidades artificiais", mas de maneira errônea, já que a "artificialidade" não é uma característica singular das "novas" necessidades: embora usem as predisposições humanas naturais como matéria-prima, todas as necessidades em qualquer sociedade ganham forma tangível e concreta pelo "artifício" da pressão social) que constitui a principal preocupação (e, como diria Talcott Parsons, o "pré-requisito funcional") da sociedade de consumidores. É o desdém e o desprezo pelas *necessidades de ontem* e a ridicularização e deturpação de seus objetos, agora *passés*, e mais ainda a difamação da própria ideia de que a vida de consumo deveria ser guiada pela *satisfação das necessidades* que mantêm vivos o consumismo e a economia de consumo. A maquiagem bege, que na última estação era sinal de ousadia, agora não é apenas uma cor que está ficando fora de moda, mas uma cor feia e monótona, e também o estigma vergonhoso de um rótulo de ignorância, indolência, incapacidade ou inferioridade total, com o ato que não faz muito tempo significava rebelião, audácia e "estar à frente da tendência de estilo" rapidamente se transformando em sintoma de preguiça ou covardia ("Isso não é maquiagem, é um cobertor de segurança"), sinal de ter ficado atrás da tendência, talvez até mesmo de que se está ficando necessitado...

Relembremos que, segundo o veredicto da cultura consumista, os indivíduos que se satisfazem com um conjunto finito de necessidades, guiando-se somente por aquilo que acreditam necessitar, e nunca procuram novas necessidades que poderiam despertar um agradável anseio por satisfação são *consumidores falhos* – ou seja, a variedade de proscritos específica da sociedade de consumidores. A ameaça e o medo do ostracismo e da exclusão também pairam sobre aqueles que estão satisfeitos com a identidade que possuem e aceitam o que seus "pares" presumem que eles sejam.

A cultura consumista é marcada por uma pressão constante para que sejamos *alguém mais*. Os mercados de consumo se concentram na desvalorização imediata de suas antigas ofertas, a fim de limpar a área da demanda pública para que novas ofertas a preencham. Engendram a insatisfação com a identidade adquirida e o conjunto de necessidades pelo qual se define essa identidade. Mudar de identidade, descartar o passado e procurar novos começos, lutando para renascer – tudo isso é estimulado por essa cultura como um *dever* disfarçado de privilégio.

O que, devido à infinidade de perspectivas consumistas, torna a "polarização" ou "pontuação" do tempo (ver Capítulo 1) uma novidade um tanto atraente e uma forma de estar num tipo de mundo que com certeza será aprendido e praticado com alegria e entusiasmo é a dupla promessa de antecipar o futuro e desabilitar o passado.

Esse ato duplo é, afinal de contas, o ideal de liberdade (eu ia escrever "o *moderno* ideal de liberdade", mas percebi que o qualificativo acrescentado tornaria a expressão pleonástica: o que se chamava "liberdade" nos ambientes pré-modernos não passaria no teste de autonomia segundo os padrões modernos, e, portanto, não seria considerado "liberdade").

Quando combinadas, a promessa de emancipar os atores da restrição de escolhas impostas pelo passado (os tipos de restrições de que as pessoas se ressentem de forma particularmente aguda por terem o desagradável hábito de crescer em volume e se reforçar à medida que o "passado" se enche inexoravelmente de sedimentos cada vez mais densos de trechos cada vez mais longos de história de vida) e a permissão de ficar atento a preocupações sobre o futuro (e mais exatamente sobre as consequências futuras das ações atuais, com seu poder altamente deplorado de se chocar com as esperanças atuais, revogar ou reverter o valor dos veredictos presentes e, de forma retrospectiva, desvalorizar os sucessos agora celebrados) vaticinam uma liberdade completa, irrestrita, quase "absoluta". A sociedade de consumidores oferece tal liberdade em um grau desconhecido e inconcebível em qualquer outra sociedade de que se tem registro.

Consideremos em primeiro lugar a misteriosa proeza de desabilitar o passado. Ela se reduz a apenas uma mudança, embora miraculosa, na condição humana: a recém-inventada (embora anunciada como recém-descoberta) facilidade de "renascer". Graças a essa invenção, os gatos não são mais os únicos que têm sete vidas. Numa visita abominavelmente curta à Terra, uma visita que não faz muito tempo era lamentada por sua odiosa brevidade e que desde então não aumentou radicalmente, os seres humanos transformados em consumidores têm agora a chance de comprimir muitas vidas: uma série infindável de novos começos. Novas famílias, novas carreiras, novas identidades. Basta uma pequena tacada para se partir do zero... Ou pelo menos assim parece.

Uma das manifestações da atual atração dos "nascimentos em série" – da vida como uma infindável sequência de "novos começos" – é a expansão surpreendente e amplamente observada da cirurgia cosmética. Não faz muito tempo, ela vegetava à margem da profissão médica como uma casa de consertos de último recurso para os poucos homens e mulheres que tinham sido cruelmente desfigurados por uma estranha combinação de genes, por queimaduras incuráveis ou por cicatrizes que não desapareciam. Agora, para aqueles que podem pagar, transformou-se em instrumento de rotina da perpétua reconstrução do eu visível. *Perpétua* mesmo: a criação de uma imagem "nova e aperfeiçoada" não é mais vista como algo a acontecer uma única vez; o significado mutável de "aperfeiçoamento", e portanto a necessidade (e, é evidente, a disponibilidade) de novas rodadas de cirurgia para eliminar os vestígios das anteriores, está embutido na ideia como uma de suas maiores atrações (tal como relatado no *Guardian* de 16 de maio de 2006, a "Transform, principal empresa britânica de cirurgia plástica, com 11 centros espalhados pelo país", oferece a seus clientes "cartões de fidelidade" que podem ser usados em outras cirurgias). A cirurgia plástica não é para remover uma cicatriz ou alcançar uma forma ideal negada pela natureza ou pelo destino, mas para ficar em dia com padrões que mudam com rapidez, manter o próprio valor de mercado e descartar uma imagem que perdeu sua utilidade ou seu charme, de modo que uma nova imagem pública seja colocada em seu lugar – num pacote que inclui (espera-se) uma nova identidade e (com certeza) um novo começo. Em sua breve mas minuciosa pesquisa sobre a ascensão espetacular da cirurgia cosmética como negócio, Anthony Elliott observa:

> A atual cultura cirúrgica promove a fantasia da plasticidade corporal infinita. A mensagem da indústria da reconstrução é que nada pode impedi-lo de se reinventar da maneira que preferir; porém, pela mesma razão, é improvável que seu corpo cirurgicamente melho-

rado o faça feliz por muito tempo. Pois as atuais remodelagens do corpo só são criadas tendo em vista o curto prazo – até "a próxima operação". ... Mais barata e disponível do que nunca, a cirurgia plástica está se tornando uma escolha de estilo de vida.

Cada novo começo só pode levar você até aí, e não mais; Todo novo começo prenuncia muitos outros por vir. Qualquer momento tem uma irritante tendência a se transformar em passado – e mais do que depressa chegará sua vez de ser desabilitado. A capacidade de desabilitar o passado é, afinal de contas, o significado mais profundo da promessa de habilitação portada pelos bens oferecidos nos mercados de consumo.

O mundo habitado por consumidores é percebido por seus habitantes como um enorme contêiner de peças sobressalentes. O depósito dessas peças é constante e abundantemente abastecido, e se acredita que seja reabastecido para sempre caso seu estoque se esgote temporariamente. Não se pressupõe mais que alguém deva se contentar com o que tem ou o que é, mas lidar com ambos, conciliando-se consigo mesmo na ausência de outras opções e tentando, por falta de alternativas, fazer o melhor com aquilo que o destino lhe ofereceu. Se alguma parte (do conjunto de implementos em uso diário, da atual rede de contatos humanos, do próprio corpo de alguém ou de sua apresentação pública do eu/identidade de uma pessoa e de sua imagem publicamente apresentada) perde seu poder de seduzir o público ou seu valor de mercado, ela deve ser cortada, jogada fora e substituída por uma "peça sobressalente nova e aperfeiçoada", ou apenas mais recente e ainda não usada. Se não do tipo faça-você-mesmo ou feita em casa, então (e preferivelmente) produzida numa fábrica e encontrada em lojas.

É para ter essa concepção de mundo, e seu *modus operandi* nele, que os consumidores da sociedade de consumo são treinados desde o berço. O expediente de vender o próximo artigo a um preço mais baixo sob a condição de que o artigo semelhante comprado anteriormente seja devolvido à loja "após o uso" é cada vez mais praticado por companhias que trabalham com produtos para o lar. Mas Leslaw Hostynski, analista perspicaz dos valores da cultura de consumo, relacionou e descreveu uma longa série de outros estratagemas empregados no marketing dos bens de consumo para desencorajar os jovens adeptos (cada vez com menos idade) do consumismo a desenvolverem uma ligação de longo prazo com qualquer coisa que possam adquirir e usufruir.[9] A Mattel, por exemplo, empresa que inundou o mercado de brinquedos com as bonecas Barbie, alcançando 1,7 bilhão de dólares em vendas apenas no ano de 1996, prometia às jovens consumidoras que lhes venderia a próxima Barbie com desconto se levassem de volta para a loja a boneca em uso quando ela estivesse "gasta". A "mentalidade da remoção do lixo", esse complemento indispensável da "visão de sobressalente" do mundo (comodificado), foi assinalada pela primeira vez por Alvin Toffler, em seu livro *O choque do futuro*, como um tipo de desenvolvimento espontâneo e básico, mas desde então se tornou um grande objetivo das empresas ao educarem seus clientes potenciais desde a infância e ao longo de sua vida de consumo.

Trocar uma boneca Barbie por outra "nova e aperfeiçoada" leva a uma vida de conexões e parcerias modeladas e conduzidas segundo um padrão de aluguel-aquisição. Como sugere Pascal Lardellier, a "lógica sentimental" tende a se tornar cada vez mais acentuadamente consumista:[10] ela se volta para a redução de todas as espécies de riscos, a categorização dos artigos procurados, um esforço para definir com precisão as características do parceiro procurado que possam ser consideradas adequadas às aspirações de quem procura. A convicção fundamental é de que é possível compor o objeto do amor a partir de uma série de qualidades físicas e sociais, ao lado de traços de caráter, claramente especificadas e mensuráveis. Segundo os preceitos desse "marketing *amoureux*" (termo cunhado por Lardellier), se o objeto de amor procurado deixa de marcar um ou vários pontos, o "comprador" potencial do mesmo deve desistir da "aquisição", assim como o faria no caso de todos os outros produtos em oferta.

Se, no entanto, a falha for revelada *após* a "aquisição", o objeto fracassado do amor, tal como todos os outros bens do mercado, precisa ser descartado e substituído. Jonathan Keane viu na conduta dos clientes que vasculham a internet atrás de um parceiro com o perfil ideal algo como uma "atividade emocionalmente apagada e afastada", "como se as pessoas fossem peças na vitrine de um açougue".[11]

"Renascer" significa que o(s) nascimento(s) anterior(es), junto com suas consequências, foi (foram), para todos os fins e propósitos práticos, anulado(s).

Cada "novo começo" sucessivo (outra encarnação) parece tranquilizadoramente, ainda que de maneira enganosa, a chegada de um poder – sempre sonhado, embora nunca antes considerado como algo a ser experimentado (muito menos praticado) – do tipo proclamado por Shestov como prerrogativa exclusiva e traço definidor de Deus. Leon Shestov, eminente filósofo existencialista russo-francês, afirmou que o poder de anular o passado (de forma que, por exemplo, Sócrates não tivesse sido obrigado a beber cicuta) era o sinal fundamental da onipotência divina. O poder de remodelar eventos passados ou de anulá-los e invalidá-los pode exceder e desarmar o poder da determinação causal, e assim é possível cortar radicalmente o poder que o passado tem de reduzir as opções do presente, e talvez até aboli-lo de uma vez por todas. O que alguém foi ontem não vai mais excluir a possibilidade de essa pessoa se tornar alguém de todo diferente hoje – nem impedir a perspectiva de outro avatar no futuro que venha a eliminar o presente, que se tornará passado.

Já que, recordemos, cada ponto no tempo deve supostamente estar repleto de potencial inexplorado, e cada potencial deve em teoria ser original e singular, não podendo ser copiado em outro ponto do tempo, o número de maneiras pelas quais se pode alterar (ou pelo menos tentar) a si mesmo é incalculável: na verdade, ele até ultrapassa a atordoante multiplicidade de permutações e a impressionante variedade de formas e aparências que os encontros aleatórios de genes conseguiram produzir até agora na espécie humana. Andrzej Stasiuk, arguto observador do modo como vivemos hoje em dia, sugeriu que a multiplicidade, quase infinidade, de opções se aproxima da impressionante qualidade da eternidade, na qual, como sabemos, mais cedo ou mais tarde *tudo* pode acontecer e *tudo* pode ser feito. Agora, contudo, esse fantástico poder da eternidade foi comprimido em amplitude, absolutamente não eterna, de uma única vida humana.

Por conseguinte, a proeza de desarmar o poder que o passado tem de reduzir as escolhas subsequentes, junto com a facilidade de "renascimento" assim criada (ou seja, de reencarnação), rouba à eternidade seu poder de atração mais sedutor. No tempo pontilhizado da sociedade de consumidores, *a eternidade não é mais um valor e um objeto de desejo*. A única qualidade que, mais do que qualquer outra, concedia-lhe um valor singular e verdadeiramente monumental, tornando-a objeto dos sonhos, foi extirpada, comprimida e condensada numa experiência ao estilo "big-bang", e *transplantada para o momento* – qualquer momento. De maneira correspondente, a "tirania do momento" líquido-moderna, com seu preceito *carpe diem*, substitui a tirania pré-moderna da eternidade com seu lema *memento mori*.

Em seu livro cujo título diz tudo, Thomas Hylland Eriksen toma a "tirania do momento" como a característica mais conspícua da sociedade contemporânea, e comprovadamente sua novidade mais seminal:

> As consequências da pressa extrema são avassaladoras: tanto o passado quanto o futuro como categorias mentais são ameaçados pela tirania do momento. ... Até o "aqui e agora" é ameaçado, já que o momento seguinte chega tão depressa que se torna difícil viver no presente.[12]

De fato um paradoxo e uma fonte inesgotável de tensão: quanto mais o momento se torna volumoso e espaçoso, menor (mais breve) ele é; à medida que seus conteúdos potenciais se expandem, suas dimensões encolhem. "Há fortes indicações de que estamos a ponto de criar um tipo de sociedade em que ficará quase impossível ter um pensamento com mais do que alguns centímetros de extensão."[13] Mas, ao contrário das esperanças populares estimuladas pelas promessas do mercado de consumo, mudar de identidade, se fosse realmente plausível, exigiria muito mais do que um pensamento com alguns centímetros de extensão.

Quando submetida ao tratamento da "pontilhização", a experiência do tempo é cortada dos dois lados. Suas interfaces com o passado *e* com o futuro se transformam em lacunas – sem pontes e, espera-se, intransponíveis. Ironicamente, na era da conexão instantânea e sem esforço, e da promessa de estar a todo tempo "em contato", existe um desejo de suspender a comunicação entre a experiência do momento e qualquer coisa que possa precedê-la ou se seguir a ela, ou, melhor ainda, de interrompê-la de maneira irreparável. A brecha de trás deve garantir que o passado nunca tenha permissão de alcançar o eu em movimento. A brecha à frente é condição para se viver o momento em sua plenitude, para se abandonar por completo e sem reservas ao seu charme e poder de sedução (reconhecidamente fugazes): um ato que dificilmente seria viável, se é que chegaria a sê-lo, se o momento vivido na atualidade fosse contaminado pela preocupação de hipotecar o futuro.

Idealmente, cada momento será moldado segundo o padrão de uso dos cartões de crédito, um ato de todo despersonalizado: na ausência de comunicação face a face, é mais fácil esquecer o desagrado de qualquer indenização em que o momento do prazer possa incorrer, ou, melhor ainda, sequer pensar nisso, para começo de conversa. Não admira que os bancos, ávidos por verem o dinheiro em movimento e por ganharem ainda mais do que ganhariam se o dinheiro disponível para gastos pudesse ficar ocioso, prefiram que seus clientes manuseiem cartões de crédito em vez de pressionarem gerentes de agências.

Seguindo a terminologia de Bertman, Elzbieta Tarkowska, eminente cronossocióloga por mérito próprio, desenvolveu o conceito de "seres humanos sincrônicos", que "vivem apenas no presente" e "não dão atenção à experiência passada ou às consequências futuras de suas ações", estratégia que "se traduz na ausência de vínculos com os outros". A "cultura presentista ... recompensa a velocidade e a eficácia, mas não favorece a paciência nem a perseverança".[14]

Podemos acrescentar que é essa fragilidade e essa disponibilidade aparentemente cômoda de identidades individuais e vínculos inter-humanos que são apresentadas na cultura contemporânea como a substância da liberdade individual. Uma escolha que essa liberdade não iria reconhecer, garantir ou permitir é a decisão (ou mesmo a capacidade) de continuar se apegando à identidade já construída, ou seja, ao tipo de atividade que também pressupõe, e necessariamente exige, a preservação e proteção da rede social na qual a identidade se baseia ao mesmo tempo em que a reproduz ativamente.

Em *Amor líquido*, tentei analisar a crescente fragilidade dos vínculos inter-humanos. Concluí que hoje em dia essas ligações tendem a ser vistas – com um misto de regozijo e ansiedade – como frágeis, desintegráveis sem qualquer dificuldade e tão fáceis de romper quanto de estabelecer.

Se são vistos com regozijo, é porque tal fragilidade alivia os riscos que se presume estarem presentes em cada interação, o perigo de que o nó atual esteja atado de modo demasiado firme para o conforto do futuro e a probabilidade de se permitir que ele se ossifique numa daquelas coisas "fora de época", antes atraentes, mas agora repulsivas, entulhando o hábitat e limitando a liberdade de explorar o interminável desfile de momentos plenos de novas e aprimoradas atrações.

E se forem vistos com ansiedade, será porque inconsistência, transitoriedade e revogabilidade dos compromissos mútuos são elas próprias uma fonte de riscos apavorantes. As predisposições e intenções de outros seres humanos presentes e ativos no interior do mundo de cada indivíduo são, afinal de contas, variáveis desconhecidas. Não se pode tomá-las como garantidas, confiar nelas ou prevê-las com segurança – e a incerteza resultante coloca um enorme e indelével ponto de interrogação sobre os prazeres extraídos de qualquer vínculo atual muito antes de as satisfações previstas terem sido plenamente provadas e de fato exauridas. A crescente fragilidade dos vínculos humanos é, portanto, experimentada desde o começo, a partir do momento de sua concepção e muito depois de seu desaparecimento, como um misto de bênção e maldição. Ela não reduz a soma total de apreensão, apenas distribui as ansiedades de maneira diferente, e seus futuros meandros são virtualmente impossíveis de prever, muito menos de prescrever e controlar.

Alguns observadores da cena contemporânea, em particular Manuel Castells e Scott Lash, saúdam a nova tecnologia virtual de atar e desatar vínculos como formas alternativas promissoras e, em alguns casos, superiores de sociabilidade; como uma cura possivelmente eficaz ou um remédio preventivo para a ameaça da solidão ao estilo consumidor; e como um estímulo à liberdade também nesse estilo (ou seja, a liberdade de fazer e desfazer as próprias escolhas) – uma forma alternativa de sociabilidade que avança um pouco no sentido de conciliar as demandas conflitantes de liberdade e segurança. Castells escreve sobre o "individualismo em rede", Scott Lash, sobre os "vínculos comunicacionais". Ambos, contudo, parecem estar tomando a parte pelo todo, ainda que cada um se concentre numa parcela diferente de uma totalidade complexa e ambivalente.

Se observado do ponto de vista da parte perdida, a "rede" parece, de maneira perturbadora, uma duna de areia soprada pelo vento e não um canteiro de obras onde se poderão estabelecer vínculos sociais confiáveis. Quando as redes de comunicação eletrônica penetram no hábitat do indivíduo consumidor, estão equipadas desde o início com um dispositivo de segurança: a possibilidade de desconexão instantânea, livre de problemas e (presume-se) indolor de cortar a comunicação de uma forma que deixaria partes da rede desatendidas e as privaria de relevância, assim como de seu poder de ser uma perturbação. É esse dispositivo de segurança, e não a facilidade de estabelecer contato, muito menos de estar junto de maneira permanente, que torna esse substituto eletrônico da socialização face a face tão estimado por homens e mulheres treinados para operar numa sociedade mediada pelo mercado. Num mundo assim, é o ato de se livrar do indesejado, muito mais do que o de agarrar o que se deseja, que é o significado da liberdade individual. O dispositivo de segurança que permite a desconexão instantânea se ajusta perfeitamente aos preceitos essenciais da cultura consumista; mas os vínculos sociais, assim como as habilidades necessárias para estabelecê-los e mantê-los, são suas primeiras e maiores baixas colaterais.

Considerando-se que o "espaço virtual" está se transformando rapidamente no hábitat natural dos membros, atuais e aspirantes, das classes instruídas, não admira muito que alguns poucos acadêmicos tendam também a saudar a internet e a rede mundial de computadores como alternativa ou substituta promissora e bem-vinda das instituições ortodoxas da democracia política, definhantes e moribundas, conhecidas hoje em dia por atraírem cada vez menos interesse, e ainda menos compromisso, da parte dos cidadãos.

Para os membros atuais e aspirantes das classes instruídas, para citar Thomas Frank, "a política se torna basicamente um exercício de autoterapia individual, uma realização individual, não um esforço voltado à construção de um movimento"[15] – um meio de informar o mundo a respeito de suas próprias virtudes, como é documentado, por exemplo, nas mensagens iconoclásticas coladas nos vidros dos carros ou nas demonstrações ostentatórias de consumo evidentemente "ético". Teorizar sobre a internet como uma nova e aperfeiçoada forma de política, dizer que surfar na rede mundial é um modo novo e mais eficaz de engajamento político e que a conexão acelerada à internet e a velocidade cada vez maior desse surfar são avanços democráticos, parece suspeitosamente com muitos disfarces das práticas de

Cultura consumista

vida cada vez mais comuns e despolitizadas da classe instruída, e acima de tudo em sua aguçada preocupação com a dispensa honrosa da "política do real".

Contra esse coro de louvor, o veredicto direto de Jodi Dean é ainda mais retumbante: as tecnologias de comunicação atuais são "profundamente despolitizantes". Hoje em dia,

> a comunicação funciona de maneira fetichista: como negação de uma desautorização ou castração política mais fundamental. ... O fetiche tecnológico é "político", ... possibilitando-nos continuar o resto de nossas vidas aliviados de culpa porque poderíamos não estar fazendo nossa parte, e seguros na crença de que somos, afinal de contas, cidadãos informados e engajados. ... Não precisamos assumir responsabilidades políticas porque ... a tecnologia faz isso por nós. ... Ela nos permite pensar que tudo de que precisamos é universalizar determinada tecnologia, e então teremos uma ordem social democrática ou pacificada.[16]

A realidade parece estar em total oposição a seu retrato vivo e alegre pintado pelos "fetichistas da comunicação". O poderoso fluxo de informação não é um afluente do rio da democracia, mas um insaciável canal de ingestão que intercepta seus conteúdos e os canaliza para um conjunto de lagos artificiais magnificamente grandes, porém malcheirosos e estagnados. Quanto mais poderoso é o fluxo, maior a ameaça de que o leito do rio venha a secar. Os servidores do mundo armazenam informações para que a nova cultura líquido-moderna possa substituir o aprendizado pelo esquecimento como maior força motriz das atividades de vida dos consumidores. Os servidores engolem e armazenam as marcas de dissensão e protesto para que a política líquido-moderna possa ir em frente sem sofrer influências nem interrupções – substituindo o confronto e a argumentação por frases descontextualizadas e oportunidades para fotos.

As correntes que se afastam do rio não são revertidas e levadas de volta ao leito principal com facilidade: Bush e Blair puderam ir à guerra sob falsos pretextos, ainda que não faltassem sites denunciando o blefe deles. De maneira apropriada, os apresentadores preferem dar as notícias sobre a situação política de pé, como se tivessem sido apanhados no meio de algo totalmente diferente ou tendo parado por um momento antes de seguir para algum outro lugar. Sentar-se a uma bancada sugeriria que a notícia tem uma importância mais duradoura do que o pretendido, e uma consequência mais profunda do que os consumidores situados na outra extremidade do canal de comunicação de massa, cada qual ocupado com seu próprio negócio, seriam supostamente capazes de aguentar.

No que se refere à "política real", quando a discordância viaja em direção a armazéns eletrônicos, ela é esterilizada, neutralizada e tornada irrelevante. Aqueles que remexem a água dos lagos de armazenamento podem se congratular por sua inspiração e vivacidade, comprovando sua boa forma, mas os que estão nos corredores do verdadeiro poder dificilmente serão forçados a prestar atenção. Serão apenas gratos à tecnologia de comunicação de última geração pelo trabalho que realiza ao desviar problemas potenciais e desmontar as barricadas erigidas em seu caminho antes que os construtores tenham tempo de levantá-las, e muito menos reunido as pessoas necessárias para defendê-las.

A política real e a política virtual correm em direções opostas, e a distância entre ambas cresce na proporção em que a autossuficiência de cada uma se beneficia da ausência da companhia da outra. A era dos simulacros de Jean Baudrillard não eliminou a diferença entre a própria coisa e seu reflexo, entre o real e as realidades virtuais. Apenas cavou um precipício entre ambos – fácil de ser ultrapassado pelos internautas, mas cada vez mais difícil de ser transposto pelos cidadãos atuais, e mais ainda pelos aspirantes.

Como Christopher Lasch comentou amargamente pouco antes de os PCs e telefones celulares começarem a colonizar os mundos privados e íntimos dos consumidores, as pessoas que "vivem em cidades e subúrbios em que vizinhanças inteiras foram substituídas por shopping centers ... não tendem a reinventar comunidades só porque o Estado se mostrou um substituto tão insatisfatório".[17] Esse veredicto ainda se sustenta, mesmo depois de a colonização se espalhar até os rincões mais longínquos do planeta na velocidade de um incêndio florestal.

Em seu recente estudo das obsessões contemporâneas centralizadas na identidade (em particular na atenção dedicada hoje em dia a compor e desmantelar identidades), Kwame Anthony Appiah tenta captar a curiosa dialética do "coletivo" e do "individual", ou da "pertença" e da "autoafirmação"; uma dialética que torna, em última instância, os esforços de autoidentificação ineficazes, embora (talvez pela mesma razão) irreprimíveis e com pouca probabilidade de um dia virem a perder o vigor.[18] Ele sugere que, por exemplo, se o fato de uma pessoa ser afro-americana afeta o modelo de eu que alguém luta para expressar e apresentar em público, ela entra nessa luta e busca reconhecimento para seu afro-americanismo em função de sentir a necessidade de ter um eu adequado a ser mostrado e publicamente exibido. Determinações atributivas circunstanciais e contingentes podem explicar a seleção feita entre eus adequados para exibição, mas dificilmente a própria atenção que se dá ao fazer *uma* seleção e depois torná-la publicamente visível; menos ainda o zelo com que se empreende o esforço de torná-la visível.

Ainda que o eu que a pessoa está lutando para exibir e tornar reconhecido esteja destinado pelo ator a preceder, antecipar e predeterminar a escolha da identidade individual (atribuições étnicas, raciais, religiosas ou de gênero reivindicam pertencer a essa categoria de eu), *é o impulso de seleção e o esforço de tornar a escolha publicamente reconhecível que constituem a autodefinição do indivíduo líquido-moderno*. Esse esforço dificilmente seria realizado se a identidade em questão fosse de fato dotada do poder determinante que ela afirma possuir e/ou se acredita que possua.

Na sociedade líquido-moderna de consumidores, não há identidades recebidas de nascença, nada é "dado", muito menos de uma vez por todas e de forma garantida. Identidades são projetos: tarefas a serem empreendidas, realizadas de forma diligente e levadas a cabo até uma finalização infinitamente remota. Mesmo no caso das identidades que pretendem e/ou se supõe serem "dadas" e inegociáveis, a obrigação de realizar um esforço individual para se apropriar delas e depois lutar todos os dias para se manter agarrado a elas é apresentada e percebida como a principal exigência e condição indispensável de sua "gratuidade". Ao negligente, indiferente ou indolente, para não mencionar o infiel, o duas-caras e o traiçoeiro, será negado o direito de invocar suas prerrogativas de nascença.

Mais do que um presente (muito menos um "presente gratuito", para recordar a expressão pleonástica recentemente cunhada pelos consultores de marketing), a identidade é uma pena perpétua de trabalhos forçados. Para os produtores de consumidores ávidos e infatigáveis, assim como para os vendedores de bens de consumo, ela é também uma fonte inesgotável de capital – que tende a se tornar maior a cada investida. Uma vez posta em movimento ainda na tenra infância, a composição e o desmantelamento da identidade se torna uma atividade autopropulsora e autoestimulante.

Relembremos que os consumidores são levados pela necessidade de se "comodificarem" – de se transformarem em mercadorias atraentes – e pressionados a exibir todos os estratagemas e expedientes usuais da prática de marketing para esse propósito. Obrigados a encontrar um nicho de mercado para as coisas valiosas que possam vir a obter ou esperar desenvolver, devem observar com atenção as oscilações do que é demandado e do que é oferecido, e seguir as tendências do mercado: uma tarefa inviável, com frequência muito desgastante, dada a notória volatilidade dos mercados de consumo. Os mercados fazem o possível para tornar a tarefa ainda mais assustadora, e ao mesmo tempo para fornecer (por determinado preço) atalhos, kits do tipo "faça-você-mesmo" e fórmulas patenteadas para aliviar os consumidores desse peso, ou pelo menos convencê-los de que o alívio cobiçado de fato chegou – por um momento.

Cultura consumista 143

Dois expedientes em particular desempenham papel importante para aliviar as dores da construção e desconstrução da identidade na sociedade de consumidores.

O primeiro é o que chamei em outro texto de "comunidades de guarda-casacos" (como a reunião de espectadores de teatro no guarda-casacos, quando todos deixam suas capas e sobretudos durante o espetáculo a que foram assistir, sozinhos ou em pequenos grupos, dos respectivos assentos). São comunidades fantasmas, comunidades *ad hoc*, carnavalescas – os tipos de comunidades às quais alguém acha que está se juntando simplesmente por se encontrar onde outros se encontram, ou por portar distintivos ou outros símbolos de intenções, estilo ou gosto comuns; e comunidades com prazos fixos (ou pelo menos reconhecidos como temporários), das quais se "debanda" quando o grupo se dispersa, embora sendo livre para sair antes disso, a qualquer momento em que o interesse comece a diminuir.

Comunidades de guarda-casacos não exigem permissões de entrada ou saída, nem têm escritórios que pudessem expedi-las, e muito menos são autorizadas a definir os critérios obrigatórios para a seleção de candidatos. A modalidade de "afiliação à comunidade" é bastante subjetiva; o que conta é a *experiência* momentânea de comunidade". Numa existência de consumo vivida sob a tirania do momento e avaliada pelo tempo pontilhista, a facilidade de entrar e sair à vontade dá à experiência da comunidade fantasma, *ad hoc*, uma clara vantagem sobre a "coisa real", desconfortavelmente sólida, restritiva e exigente.

Os bilhetes para espetáculos, os distintivos e outros símbolos de identidade exibidos em público são todos fornecidos pelo mercado. Esse é o segundo expediente oferecido pela modalidade da vida consumista para aliviar o peso da construção e desconstrução da identidade. Os bens de consumo dificilmente são neutros em relação à identidade; tendem a vir com o selo "identidade incluída" (da mesma forma que brinquedos e dispositivos eletrônicos são vendidos com "baterias incluídas"). O trabalho dedicado à construção de identidades adequadas à exibição pública e publicamente reconhecidas, assim como obter a cobiçada "experiência de comunidade", exige habilidades básicas de compra.

Com uma profusão impressionante de identidades novas em folha, vistosas e sedutoras, nunca mais distantes de nosso alcance do que o shopping center mais próximo, as chances de determinada identidade ser placidamente aceita como a identidade final, não exigindo novos reparos ou substituição, são iguais às proverbiais chances de sobrevivência de uma bola de neve no inferno. Por que se acomodar com aquilo que já terminamos de construir, se novos kits automontáveis prometem excitações nunca antes experimentadas e – quem sabe? – a abertura de portas que levam a delícias nunca antes usufruídas? "Se não ficarmos totalmente satisfeitos, devolvemos o produto à loja": não é esse o princípio n⁰ 1 da estratégia da vida de consumo?

Joseph Brodsky, poeta-filósofo russo-americano, descreveu com muita propriedade o tipo de vida acionado e estimulado pela busca obsessivo-compulsiva, mediada pelas compras, de uma identidade atualizada e reformada de modo contínuo, com novos nascimentos e começos:

> Vocês ficarão entediados com seu trabalho, seus cônjuges, seus amantes, com a vista de sua janela, a mobília ou o papel de parede do seu quarto, seus pensamentos, com vocês mesmos. Por conseguinte, tentarão imaginar maneiras de fugir. Além dos dispositivos de autossatisfação mencionados anteriormente, vocês podem assumir novos empregos, residências, empresas, países, climas, podem assumir a promiscuidade, o álcool, viagens, aulas de culinária, drogas, psicanálise ... Na verdade, podem juntar tudo isso, e por algum tempo vai parecer que está funcionando. Até o dia, é claro, em que você acorda no seu quarto em meio a uma nova família e outro papel de parede, num estado e num clima diferentes, com uma pilha de contas do agente de viagens e do psicanalista, mas com o mesmo sentimento de fastio em relação à luz do dia que se infiltra pela janela...[19]

Andrzej Stasiuk, destacado romancista polonês e analista bastante perspicaz da condição humana contemporânea, sugere que "a possibilidade de se tornar outra pessoa" é o atual substituto da hoje descartada e desprezada salvação ou redenção. Poderíamos acrescentar: um substituto bem superior ao original, já que sua chegada é instantânea, e não irritantemente lenta, sendo também múltiplo e revogável, e não "único" e final.

Aplicando diversas técnicas, podemos mudar nossos corpos e remodelá-los de acordo com um padrão diferente. ... Ao folhearmos revistas luxuosas, tem-se a impressão de que todas contam basicamente a mesma história – sobre as maneiras pelas quais se pode remodelar a personalidade, começando com dietas, vizinhanças e lares, indo até a reconstrução de sua estrutura psicológica, frequentemente com o codinome de proposta de "ser você mesmo".[20]

Slawomir Mrozek, escritor polonês de renome mundial com experiência em primeira mão em muitos países, concorda com a hipótese de Stasiuk. Mrozek compara o mundo que habitamos a

um mostruário cheio de roupas luxuosas e cercado por multidões à procura de seus "eus". ... Pode-se trocar de roupa sem parar. Assim, como é maravilhosa a liberdade de que usufruem os envolvidos nessa busca. ... Vamos continuar procurando nossos verdadeiros eus, é incrivelmente divertido – sob a condição de que o eu verdadeiro jamais será encontrado. Porque se fosse, a diversão chegaria ao fim...[21]

O sonho de tornar menos apavorante a incerteza e mais profunda a felicidade está no cerne da obsessão dos consumidores com a manipulação de identidades, exigindo pouco sacrifício e nenhum esforço diário exaustivo, apenas por meio do aparato da mudança de ego – e de mudar o próprio ego usando roupas que não aderem à pele e que, portanto, não devem impedir novas mudanças. No caso da autodefinição e da autoconstrução, como em todas as outras atividades da vida, a cultura consumista permanece fiel a seu personagem e proíbe a acomodação final e qualquer satisfação perfeita, consumada, que não requeira novos aperfeiçoamentos. Na atividade chamada "construção de identidade", o propósito verdadeiro, até mesmo secreto, é o descarte e a remoção de produtos fracassados ou não totalmente bem-sucedidos. E é pela prometida facilidade de descarte e substituição que os produtos são considerados fracassados ou não totalmente bem-sucedidos. Não admira que em nossa era, como Siegfried Kracauer sugeriu de maneira profética, a "personalidade integrada está indubitavelmente entre as superstições favoritas da psicologia moderna".[22]

Recauchutar identidades, descartar aquelas já construídas e experimentar outras resulta diretamente de uma vida passada num tempo pontilhista, em que cada momento está cheio de oportunidades inexploradas que, se não forem tentadas, provavelmente morrerão sem terem sido reconhecidas e sem testamento. Mas estão se transformando em atividades desejadas e conduzidas para o próprio bem das pessoas. Uma vez que nenhum volume de experimentos parece ser capaz de exaurir a infinidade de chances, é provável que o vigor da exploração e a impaciência com os resultados decepcionantes de antigos julgamentos jamais diminuam. Os limites naturais impostos à duração e ao âmbito da experimentação – pela finitude da vida individual, pela escassez dos recursos exigidos para a produção de novas identidades, pelos tamanhos limitados dos hábitats em que as identidades passam por repetidos testes de reconhecimento público, ou pela resistência ou incredulidade dos parceiros cuja aprovação é crucial para garantir esse reconhecimento – tendem a ser alvo de ressentimento e a serem vistos como restrições ilegítimas, e portanto inaceitáveis, impostas à liberdade de escolha dos indivíduos.

Para a felicidade dos viciados em alteração de identidade, em novos começos e nascimentos múltiplos, a internet oferece oportunidades negadas ou interditadas na "vida real". A maravilhosa vantagem dos espaços da vida virtual sobre os espaços "offline"

Cultura consumista

consiste na possibilidade de tornar a identidade reconhecida sem de fato praticá-la.

Os internautas buscam, encontram e aproveitam os atalhos que levam diretamente do jogo da fantasia à aceitação social (embora, uma vez mais, apenas virtual) do faz de conta. Como sugere Francis Jauréguiberry, transferir os experimentos de auto-identificação para o espaço virtual parece uma emancipação das restrições irritantes que preenchem os domínios offline: "Os internautas podem experimentar, repetidas vezes e desde o início, novos *eus* de sua escolha – sem medo de punições."[23] Não surpreende que com muita frequência as identidades assumidas durante uma visita ao mundo da internet, de conexões e desconexões instantâneas segundo a vontade do internauta, são do tipo que seria física ou socialmente insustentável offline. São "identidades carnavalescas", mas, graças ao laptop ou ao celular, os carnavais, em particular os carnavais privatizados, podem ser usufruídos a qualquer momento – e, o que é mais importante, no momento em que a própria pessoa escolhe.

No jogo carnavalesco das identidades, a socialização offline é revelada pelo que de fato é no mundo dos consumidores: um fardo bastante incômodo e não particularmente agradável, tolerado e sofrido porque inevitável, já que o reconhecimento da identidade escolhida precisa ser alcançado num esforço longo e possivelmente interminável – com todos os riscos de anúncio ou imputação de blefes que os encontros face a face necessariamente implicam. Eliminar esse aspecto incômodo das batalhas por reconhecimento é a qualidade mais atraente do baile de máscaras e do jogo de confiança da internet. A "comunidade" de internautas que busca um reconhecimento substituto não obriga à tarefa da socialização, e portanto é relativamente livre de risco, esse veneno notório e amplamente temido das batalhas offline por reconhecimento.

Outra revelação é a redundância do "outro" em qualquer papel que não o de símbolo de endosso ou aprovação. No jogo de identidades da internet, o "outro" (o destinatário ou remetente das mensagens) é reduzido a seu núcleo duro de instrumento de autoconfirmação um tanto manipulável, despido da maioria ou de todas as partes desnecessárias e irrelevantes para a tarefa ainda tolerada (embora com rancor e relutância) na interação offline. Para citar Jauréguiberry mais uma vez:

> Na busca da autoidentificação bem-sucedida, os indivíduos automanipuladores mantêm uma relação bastante instrumental com seus interlocutores. Estes últimos só são admitidos para certificar a existência do manipulador – ou, mais exatamente, para permitir que os manipuladores façam seus "eus virtuais" caírem na realidade. Os outros são procurados com o único propósito de atestar, estimular e bajular os eus virtuais dos internautas.

No jogo de identificação mediado pela internet, o Outro é, por assim dizer, desarmado e desintoxicado. É reduzido pelo internauta ao que de fato conta: à condição de instrumento de autoconfirmação pessoal. A necessidade pouco atraente de garantir a autonomia e a originalidade do Outro, e de aprovar suas reivindicações a uma identidade própria, para não mencionar a repugnante necessidade de vínculos e compromissos duradouros, inevitáveis nas batalhas offline por reconhecimento, é eliminada ou pelo menos mantida fora dos limites enquanto durar a conexão. A socialização virtual segue o padrão do marketing, e as ferramentas eletrônicas desse tipo de socialização são feitas sob medida para as técnicas mercadológicas.

A grande atração é o puro prazer do fazer-crer, com a parte insípida do "fazer" quase eliminada da lista de preocupações daqueles que fazem, já que permanece invisível para os que "creem".

· 4 ·

Baixas colaterais do consumismo

Os conceitos de "danos colaterais", "baixas colaterais" e "vítimas colaterais", recém-cunhados e instantaneamente populares, pertencem ao vocabulário dos advogados e têm raízes na pragmática da defesa jurídica, ainda que tenham sido empregados pela primeira vez por porta-vozes militares em seus comunicados à imprensa e transferidos para a linguagem jornalística, e desta para o vernáculo.

Embora com uma breve olhada para o fenômeno amplamente descrito das "consequências imprevistas" das ações humanas a "colateralidade" mude sutilmente a ênfase. O significado comum dos três conceitos listados acima é desculpar ações prejudiciais, justificá-las e eximi-las de punição com base na ausência de intencionalidade. Como Stanley Cohen poderia dizer, pertencem ao arsenal linguístico dos "estados de negação": negação de *responsabilidade* – responsabilidade *moral*, assim como *jurídica*. Por exemplo (e tais exemplos têm sido cada vez mais comuns nos últimos tempos): mais ou menos uma dúzia de mulheres e crianças têm suas vidas violentamente interrompidas ou são mutiladas para sempre por um míssil inteligente que deveria atingir um único homem suspeito de treinar outros homens ou de estar treinando para o papel de homem-bomba. No subsequente comunicado de um porta-voz militar à imprensa, a morte de mulheres e crianças será mencionada, muito depois de se descrever em detalhes a forma como os alvos foram atingidos, como um "dano colateral" – um tipo de prejuízo pelo qual ninguém poderia ser levado a julgamento, já que os habitantes locais e os passantes que foram mortos ou feridos não figuram entre os alvos visados por quem lançou o míssil e por quem ordenou o lançamento.

A questão controversa é se "imprevisto" significa necessariamente "impossível de prever" e, para ser mais específico, se "não intencional" quer dizer "impossível de calcular" e portanto "impossível de evitar intencionalmente", ou apenas a indiferença e a frieza de quem fez os cálculos e não se preocupou muito em evitar. Uma vez que se faça essa pergunta de maneira explícita, torna-se claro que, independentemente da resposta que a investigação de determinado caso possa apontar, há boas razões para suspeitar que invocar o argumento da "falta de intencionalidade" tem o objetivo de negar ou isentar a *cegueira ética*, condicionada ou deliberada. Pura e simplesmente, matar algumas mulheres e crianças estrangeiras não foi considerado um preço excessivo a pagar por explodir, ou mesmo tentar explodir, um potencial terrorista. Quando elefantes lutam, coitada da grama; mas os elefantes serão os últimos a ter pena dela. Se pudessem falar, apontariam, caso desafiados, que não tinham sentimentos de hostilidade em relação ao gramado e que não foram eles que o plantaram no local onde as batalhas entre elefantes por acaso são travadas.

Martin Jay há pouco tempo tirou do quase esquecimento o duro veredicto pronunciado por George Orwell em seu ensaio seminal sobre a política e a língua inglesa:

> Em nossa época, o discurso político é em sua maioria a defesa do indefensável. ... A linguagem política – e, com variações, isso é válido para todos os partidos políticos, de conservadores a anarquistas – é destinada a fazer mentiras soarem como verdades e o assassinato parecer respeitável, assim como dar uma aparência de solidez àquilo que é puro vento.[1]

Tendo examinado o estado do discurso político meio século depois, o próprio Jay não pôde mais tratar "protelação, exagero, evasão, meias-verdades e coisas do gênero" como uma indisposição temporária que pode ser curada, ou como uma intrusão exótica na luta por poder, que com o devido esforço poderia ser substituída por "uma fala sincera vinda do coração":

> Em vez de vê-la como a grande mentira da política totalitária em comparação com a verdade perfeita que se busca na política democrática liberal, uma verdade baseada nessa busca por transparência e clareza de linguagem que foi endossada por Orwell e seus convictos seguidores, seria mais aconselhável encarar a política como a luta sem fim entre montes de meias-verdades, omissões maliciosas e narrativas conflitantes que podem se contrabalançar mas nunca produzir um consenso único.[2]

Com certeza há uma ou duas "omissões maliciosas" na expressão da novilíngua* "baixas colaterais" ou "danos colaterais". O que foi omitido de modo astucioso é o fato de que as "baixas", "colaterais" ou não, foram efeito da forma como se planejou e executou a explosão, já que os que a planejaram e executaram não se importaram particularmente com a possibilidade de os danos ultrapassarem os limites presumidos do alvo propriamente dito, atingindo a área cinzenta (já que a mantiveram fora de seu foco) dos efeitos colaterais e das consequências imprevistas. Pode também haver uma meia-verdade, se não uma completa mentira: da perspectiva do objetivo declarado da ação, algumas das vítimas podem de fato ser classificadas como "colaterais", mas não será fácil provar que a narrativa oficial e explícita não foi "econômica com a verdade"; que ela realmente está contando, como insiste, toda a verdade e nada mais do que a verdade sobre os pensamentos e motivos aninhados nas mentes dos planejadores ou debatidos em suas reuniões. Temos o direito de suspeitar que (para usar a distinção de Robert Merton entre as

---

* Termo criado por George Orwell para designar a linguagem ambígua do poder em seu famoso livro *1984*. (N.T.)

funções "manifestas" e "latentes" dos padrões comportamentais rotineiros e das tarefas particulares) o que é "latente" no caso não significa necessariamente "inconsciente" ou "indesejado"; pode, em vez disso, significar "mantido em segredo" ou "acobertado". E atentos à advertência de Martin Jay sobre a multiplicidade aparentemente irredutível das narrativas, deveríamos abandonar a esperança de comprovar ou refutar uma ou outra interpretação para "além da dúvida razoável".

A mentira *política*, empregada a serviço de uma luta de poder explicitamente *política*, assim como da eficiência igualmente *política*, é que foi o foco de nossa atenção até agora. Mas "danos colaterais" é um conceito que de forma alguma se limita de maneira específica à arena política, do mesmo modo que as "omissões maliciosas" e as "meias-verdades" não são endêmicas a ela. As lutas de poder não são conduzidas com exclusividade por políticos profissionais; e não são apenas os políticos que se engajam profissionalmente na busca por eficiência. A forma pela qual as narrativas dominantes, ou que aspiram à dominação, traçam a linha que separa a "ação intencional" das "consequências imprevistas" dessa mesma ação é também uma grande tacada na promoção de interesses econômicos e no esforço para reforçar a vantagem competitiva na luta pela obtenção de lucros financeiros.

Sugiro que, entre os "danos colaterais" perpetrados por essa promoção e por essa luta, o principal (mas de jeito algum o único) é a comodificação total e abrangente da vida humana.

Nas palavras de J. Livingstone, "a forma mercadoria penetra e transforma dimensões da vida social até então isentas de sua lógica, até o ponto em que a própria subjetividade se torna uma mercadoria a ser comprada e vendida no mercado, como a beleza, a limpeza, a sinceridade e a autonomia".[3] E, como afirma Colin Campbell, a atividade de consumir

> tornou-se uma espécie de padrão ou modelo para a maneira como os cidadãos das sociedades ocidentais contemporâneas passaram a encarar todas as suas atividades. Já que ... cada vez mais áreas

da sociedade contemporânea são assimiladas por um "modelo de consumo", talvez não seja surpreendente que a metafísica subjacente ao consumismo tenha se transformado, nesse processo, em uma espécie de filosofia-padrão de toda a vida moderna.[4]

Arlie Russell Hochschild resume o principal "dano colateral" perpetrado no curso da invasão consumista numa expressão tão penetrante quanto sucinta: a "materialização do amor".

O consumismo atua para manter a reversão emocional do trabalho e da família. Expostos a um bombardeio contínuo de anúncios graças a uma média diária de três horas de televisão (metade de todo o seu tempo de lazer), os trabalhadores são persuadidos a "precisar" de mais coisas. Para comprar aquilo de que agora necessitam, precisam de dinheiro. Para ganhar dinheiro, aumentam sua jornada de trabalho. Estando fora de casa por tantas horas, compensam sua ausência do lar com presentes que custam dinheiro. Materializam o amor. E assim continua o ciclo.[5]

Podemos acrescentar que a nova separação espiritual e a recente ausência física do cenário do lar tornam os trabalhadores, homens e mulheres, impacientes com os conflitos, sejam eles grandes, pequenos ou simplesmente minúsculos e insignificantes, que se misturar sob um mesmo teto inevitavelmente provoca. Como as habilidades necessárias para conversar e buscar entendimento estão diminuindo, o que costumava ser um desafio a ser confrontado de maneira direta e encarado se transforma cada vez mais num pretexto para romper a comunicação, fugir e queimar pontes atrás de si. Ocupados em ganhar mais dinheiro em função de coisas de que creem precisar para serem felizes, homens e mulheres têm menos tempo para a empatia mútua e para negociações intensas, por vezes tortuosas e dolorosas, mas sempre longas e desgastantes. E ainda menos para resolver seus mútuos desentendimentos e discordâncias. Isso aciona outro círculo vicioso: quanto mais obtêm êxito em "materializar" a relação amorosa (como o fluxo contínuo de mensagens publicitárias os estimula a fazer), menores são as oportunidades para o entendimento mutuamente compassivo exigido pela notória ambiguidade poder/carinho do amor. Os membros da família são tentados a evitar o confronto e procurar uma pausa (ou, melhor ainda, um abrigo permanente) na briga doméstica. E então o impulso de "materializar" o amor e os cuidados amorosos adquire ímpeto ainda maior à medida que alternativas mais demoradas e desgastantes ficam menos alcançáveis num momento em que são cada vez mais necessárias por causa do número sempre crescente de pontos de atrito, rancores a serem aplacados e desentendimentos que exigem solução.

Enquanto aos profissionais qualificados, as meninas-dos--olhos dos diretores de empresas, pode-se com muita frequência oferecer em seus locais de trabalho um agradável substituto da aconchegante domesticidade que tanto faz falta no lar (como observa Hochschild, para eles a tradicional divisão de papéis entre o ambiente de trabalho e o familiar tende a se inverter), nada se oferece aos empregados de baixo escalão, menos qualificados e substituíveis com facilidade. Se algumas empresas, notadamente a Amerco, investigada de modo minucioso por Hochschild, "oferecem a velha *utopia socialista* a uma elite de trabalhadores do conhecimento situados na camada mais alta de um mercado de trabalho cada vez mais dividido, outras empresas podem estar oferecendo cada vez mais *o pior do capitalismo inicial a trabalhadores semiqualificados e desqualificados*". Para estes, "nem a rede familiar ou os colegas de trabalho fornecem âncoras emocionais, mas apenas uma gangue, colegas de copo na esquina ou outros grupos desse tipo".

A busca por prazeres individuais articulada pelas mercadorias oferecidas hoje em dia, uma busca guiada e a todo tempo redirecionada e reorientada por campanhas publicitárias sucessivas, fornece o único substituto aceitável – na verdade, bastante necessitado e bem-vindo – para a edificante solidariedade dos colegas de trabalho e para o ardente calor humano de cuidar e ser cuidado pelos mais próximos e queridos, tanto no lar como na vizinhança.

Políticos que clamam pela ressurreição dos "valores familiares", moribundos ou doentes terminais, e sérios no que se refere às implicações desse clamor, deveriam começar a pensar sobre as raízes consumistas do simultâneo definhamento da solidariedade social nos locais de trabalho e do desaparecimento do impulso de cuidar-compartilhar dentro dos lares. Tal como os políticos que convocam seus eleitores a mostrar respeito recíproco, e que são sinceros acerca das implicações de seu apelo, deveriam pensar com seriedade na tendência inata de uma sociedade de consumidores de instilar em seus membros a disposição de devotar a outras pessoas o mesmo respeito – e não mais – do que são treinados a sentir e demonstrar em relação aos bens de consumo, objetos projetados e destinados à satisfação instantânea e possivelmente sem distúrbios ou restrições.

Os danos colaterais abandonados ao longo da trilha do progresso triunfante do consumismo se espalham por todo o espectro social das sociedades "desenvolvidas" contemporâneas. Existe, contudo, uma nova categoria de população, antes ausente dos mapas mentais das divisões sociais, que pode ser vista como vítima coletiva dos "danos colaterais múltiplos" do consumismo. Nos últimos anos, essa categoria recebeu o nome de "subclasse".

O termo "classe trabalhadora", que já foi comum mas que agora vem caindo em desuso, pertencia à imagística de uma sociedade em que as tarefas e funções dos mais ricos e dos mais pobres eram diferentes e, em aspectos fundamentais, até opostas, mas *complementares*. Esse conceito evocava a imagem de uma classe de pessoas que têm papel indispensável a desempenhar na vida de uma sociedade; pessoas que dão uma contribuição útil a essa sociedade como um todo e esperam ser recompensadas de acordo. O termo "classe baixa", que então também era comum, mas agora é evitado, era distinto por pertencer à imagística de uma sociedade dotada de mobilidade social, em que as pessoas estavam em movimento e cada posição era apenas momentânea e, em princípio, sujeita a mudança. Esse termo evocava a imagem de uma classe de pessoas que se situavam ou foram jogadas na base de uma escada que elas poderiam ser capazes de subir (com esforço e sorte) a fim de escapar de sua momentânea inferioridade.

O termo "subclasse", porém, pertence a uma imagem de sociedade completamente distinta: implica uma sociedade que é tudo menos hospitaleira e atenciosa com todos, uma sociedade atenta, em vez disso, ao lembrete de Carl Schmitt de que o traço definidor da soberania é a prerrogativa de *eximir*, *excluir* e colocar de lado uma categoria de pessoas às quais a lei é aplicada mediante a *negação* ou *revogação* de sua aplicação. "Subclasse" evoca a imagem de um agregado de pessoas que foram declaradas fora dos limites em relação a *todas* as classes e à *própria hierarquia de classes*, com poucas chances e nenhuma necessidade de readmissão: pessoas sem um papel, que não dão uma contribuição útil às vidas dos demais, e em princípio além da redenção. Pessoas que, numa sociedade dividida em classes, não constituem nenhuma classe própria, mas se alimentam das essências vitais de todas as outras, erodindo, desse modo, a ordem da sociedade baseada em classes. Isso ocorre da mesma maneira como na imagística nazista de uma espécie humana dividida em raças os judeus não eram acusados de ser outra raça, mas uma "não raça", um parasita no corpo de todas as outras raças "próprias e adequadas", uma força erosiva que diluía a identidade e a integridade de todas as raças e assim solapava e minava a ordem do mundo baseada em raças.

Permitam-me acrescentar que o termo "subclasse" foi escolhido com primor. Ele evoca e arrola associações com o submundo – Hades, Seol,* esses arquétipos primais profundamente enraizados do mundo subterrâneo, essa escuridão nebulosa, úmida, mofada e sem forma que envolve aqueles que se aventuram para fora do mundo dos vivos, bem-ordenado e saturado de significado...

---

* Palavras que remetem ao inferno. A primeira é grega e a segunda, hebraica. (N.T.)

Indivíduos sumariamente exilados para a "subclasse" não podem ser visualizados, nem mesmo por um voo da imaginação, como se constituíssem uma "totalidade" significativa e integrada. Só podem ser classificados e relacionados em conjunto graças às alegadas similaridades de sua conduta. O inventário das pessoas comprimidas na imagem genérica da subclasse, tal como descrita por Herbert J. Gans, impressiona o leitor principalmente por sua desconcertante variedade:

> Essa definição comportamental denomina pessoas pobres que abandonaram os estudos, não trabalham e, caso sejam mulheres jovens, têm filhos sem o benefício do casamento e vivem da previdência social. A subclasse comportamental também inclui os sem-teto, mendigos e pedintes, pobres viciados em álcool e drogas, além dos criminosos de rua. Como o termo é flexível, os pobres que vivem nos "conjuntos habitacionais", os imigrantes ilegais e os membros de gangues de adolescentes também são muitas vezes classificados como subclasse. Na realidade, a própria flexibilidade da definição comportamental é que propicia que o termo se torne um rótulo capaz de ser usado para estigmatizar os pobres, seja lá qual for seu verdadeiro comportamento.[6]

Trata-se de uma compilação heterogênea e bastante variada. O que poderia dar pelo menos uma aparência de sentido ao ato de juntar tudo isso? O que mães solteiras têm em comum com alcoólatras, ou imigrantes ilegais com pessoas que abandonaram os estudos?

Uma característica que de fato os une é que outras pessoas, as que elaboram a lista e seus potenciais leitores, não veem boas razões para que esses cidadãos estigmatizados existam e imaginam que elas próprias estariam muito melhor se eles não estivessem por perto. Determinados homens e mulheres são reunidos na subclasse porque são vistos como inúteis – como pura e simples amolação, algo em cuja ausência os demais ficariam felizes. Numa sociedade de consumidores – um mundo que avalia qualquer pessoa e qualquer coisa por seu valor como mercadoria –, são pessoas sem valor de mercado; são homens e mulheres não comodificados, e seu fracasso em obter o status de mercadoria autêntica coincide com (na verdade deriva de) seu insucesso em se engajar numa atividade de consumo plenamente desenvolvida. São *consumidores falhos*, símbolos ambulantes dos desastres que aguardam os consumidores decadentes e do destino final de qualquer um que deixe de cumprir seus deveres de consumo. São homens-sanduíche portando cartazes como "o fim está próximo" ou *"memento mori"* andando pelas ruas para alertar ou assustar os consumidores de boa-fé. São os fios com os quais são tecidos os pesadelos – ou, como preferiria a versão oficial, ervas daninhas, feias porém vorazes, que nada acrescentam à harmoniosa beleza do jardim e deixam as plantas famintas ao sugarem e devorarem grande parte de seus nutrientes.

Já que são de todo inúteis, os perigos que pressagiam e representam dominam a maneira como são percebidos. Todos os demais integrantes da sociedade de consumidores iriam ganhar se *eles* desaparecessem. Pensem: todos irão ganhar se *você* sair do jogo do consumo e desaparecer...

"Inutilidade" e "perigo" pertencem à grande família dos "conceitos essencialmente contestados" de W.B. Gallie. Quando empregados como ferramentas de identificação, exibem a flexibilidade que torna as classificações resultantes excepcionalmente adequadas para acomodar todos os demônios mais sinistros entre os muitos que assombram uma sociedade atormentada por dúvidas sobre a durabilidade de qualquer tipo de utilidade, assim como por medos difusos e não fundeados, mas ambientes. O mapa mental do mundo traçado com sua ajuda fornece um playground infinitamente amplo para sucessivos "pânicos morais". As divisões obtidas podem ser ampliadas com facilidade para absorver e domesticar novas ameaças, ao mesmo tempo em que permitem que terrores difusos se concentrem num alvo que só é tranquilizador por ser específico e tangível.

Esse é comprovadamente um uso muito importante que a inutilidade da subclasse oferece a uma sociedade em que nenhum ofício ou profissão pode continuar certo de sua utilidade a longo prazo e, portanto, de seu valor de mercado. Sua periculosidade oferece um serviço igualmente importante a uma sociedade sacudida por ansiedades bastante numerosas para que ela possa dizer, com algum grau de confiança, o que há para se temer e o que deve ser feito para aliviar o medo.

Tudo que foi dito acima não significa, é evidente, que não haja mendigos, usuários de drogas e mães solteiras, os tipos de pessoas miseráveis, e portanto repugnantes, apresentadas como argumentos conclusivos sempre que se questiona a existência de uma "subclasse". Isso não significa, contudo, que a presença deles na sociedade seja minimamente suficiente para provar que existe mesmo uma "subclasse". Juntar todos eles numa única categoria é uma decisão tomada por um funcionário de arquivo ou por seus supervisores, e não um veredicto sobre "fatos objetivos". Aglomerá-los numa única entidade, acusando-os coletivamente de parasitismo e de acalentar rancores e perigos indizíveis para o resto da sociedade, é um exercício de *escolha carregada de valores*, não uma *descrição*.

Acima de tudo, enquanto a ideia de subclasse se baseia no pressuposto de que a verdadeira sociedade (ou seja, a totalidade que envolve dentro de si tudo o que é necessário para mantê-la viável) pode ser menor do que a soma de suas partes, o agregado *denotado* pelo nome de "subclasse" é *maior* do que essa soma: nesse caso, o ato de inclusão acrescenta uma nova qualidade que, de outra forma, nenhuma parte possuiria por si mesma. Uma "mãe solteira" e uma "mulher da subclasse" *não* são a mesma coisa. É preciso grande dose de esforço (embora pouca reflexão) para reciclar a primeira na segunda.

A sociedade contemporânea admite seus membros primeiramente como consumidores; só de maneira secundária, e em parte, os aceita como produtores. Para atingir os padrões de normalidade, ser reconhecido como um membro pleno, correto e adequado da sociedade, é preciso reagir pronta e eficientemente às tentações do mercado de consumo, contribuir com regularidade para a "demanda que esvazia a oferta", enquanto em tempos de reviravolta ou estagnação econômica se deve ser parte da "recuperação conduzida pelo consumidor". De nada disso são capazes os pobres e indolentes, pessoas destituídas de um lar decente, cartões de crédito e perspectiva de melhores dias. Por conseguinte, a norma quebrada pelos pobres de hoje, que os coloca à parte e os rotula de "anormais", é a da *competência* ou *aptidão de consumo*, não a do *emprego*.

Antes de mais nada, os pobres de hoje (ou seja, as pessoas que são "problemas" para as outras) são "não consumidores", e não "desempregados". São definidos em primeiro lugar por serem consumidores falhos, já que o mais crucial dos deveres sociais que eles não desempenham é o de ser comprador ativo e efetivo dos bens e serviços que o mercado oferece. Nos livros de contabilidade de uma sociedade de consumo, os pobres entram na coluna dos débitos, e nem por um exagero da imaginação poderiam ser registrados na coluna dos ativos, sejam estes presentes ou futuros.

Reclassificados como baixas colaterais do *consumismo*, os pobres são agora, e pela primeira vez na história registrada, pura e simplesmente um aborrecimento e uma amolação. Não possuem nenhum mérito capaz de aliviar seus vícios, e muito menos de redimi-los. Nada têm a oferecer em troca das despesas dos contribuintes. Dinheiro transferido para eles é mau investimento, que dificilmente será recompensado, muito menos trará lucros. Formam um buraco negro que suga qualquer coisa que se aproxime e não devolve nada, a não ser problemas e premonições vagos, porém sombrios.

Os pobres da sociedade de consumidores são inúteis. Membros decentes e normais da sociedade – consumidores autênticos – nada desejam nem esperam deles. Ninguém (e, o que é mais importante, ninguém que de fato importe, que fale e seja ouvido) precisa deles. Para eles, tolerância zero. A sociedade ficaria melhor se os pobres queimassem seus barracos e se permitissem queimar junto com eles – ou apenas sumissem. Sem eles o mundo seria muito mais afetuoso e agradável de viver. Os pobres são *desnecessários*, e portanto *indesejados*.

Os sofrimentos dos pobres contemporâneos, os pobres da sociedade de consumidores, não contribuem para uma causa comum. Cada consumidor falho lambe suas feridas na solidão, na melhor das hipóteses em companhia de sua família ainda intacta. Consumidores falhos são solitários, e quando ficam sós por muito tempo tendem a se tornar arredios – não veem como a sociedade ou qualquer grupo social (exceto uma gangue criminosa) possa ajudar, não esperam ser ajudados, não acreditam que sua sorte possa ser alterada por qualquer meio legal que não seja um prêmio de loteria.

Desnecessários, indesejados, desamparados – onde é o lugar deles? A resposta mais curta é: fora de nossas vistas. Primeiro, precisam ser removidos das ruas e de outros lugares públicos usados por nós, legítimos residentes do admirável mundo consumista. Se por acaso forem recém-chegados e não tiverem vistos de residência em ordem, podem ser deportados para além das fronteiras, e assim excluídos fisicamente do domínio das obrigações devidas aos portadores de direitos humanos. Se não for possível encontrar uma desculpa para deportá-los, ainda podem ser encarcerados em prisões longínquas ou em campos semelhantes a prisões, na melhor das hipóteses em lugares como o deserto do Arizona, em navios ancorados longe das rotas de navegação ou em cadeias *high-tech*, totalmente automatizadas, onde não vejam ninguém e onde ninguém, nem mesmo um guarda penitenciário, possa encontrá-los face a face com muita frequência.

Para tornar completamente seguro o isolamento físico, este pode ser reforçado pela separação mental, com os pobres sendo banidos do universo da empatia moral. Enquanto são expulsos das ruas, os pobres também podem ser banidos da comunidade reconhecidamente *humana*: do mundo dos deveres *éticos*. Isso é feito reescrevendo-se suas histórias com a linguagem da depravação substituindo a da privação. Os pobres são retratados como desleixados, pecaminosos e destituídos de padrões morais. A mídia colabora de bom grado com a polícia ao apresentar, a um público ávido por sensações, retratos chocantes de "elementos criminosos", infestados pelo crime, pelas drogas e pela promiscuidade sexual, que buscam abrigo na escuridão de lugares proibidos e ruas perigosas. Os pobres fornecem os "suspeitos de sempre" a serem recolhidos, com o acompanhamento de clamores públicos sempre que uma falha na ordem habitual é detectada e revelada à sociedade. E assim se afirma que a questão da *pobreza* é, acima de tudo, e talvez unicamente, uma questão de *lei e ordem*, à qual se deve reagir da maneira como se reage a outras formas de infração da lei.

Excluídos da comunidade humana, excluídos dos pensamentos do público. Sabemos o que pode vir em seguida quando do isso acontece. Há uma forte tentação de se livrar de vez de um fenômeno rebaixado à categoria de incômodo absoluto, não compensado, nem mesmo aliviado, por qualquer consideração ética que se possa ter para com um Outro prejudicado, ofendido e sofredor; de eliminar um borrão na paisagem, apagar um ponto sujo na tela agradavelmente pura de um mundo ordenado e de uma sociedade normal.

Alain Finkielkraut nos relembra o que pode ocorrer quando as considerações éticas são silenciadas, a empatia se extingue e as barreiras morais se desvanecem:

> A violência nazista era cometida não porque se gostasse dela, mas pelo dever, não por sadismo, mas por virtude, não com prazer, mas com método, não por uma liberação de impulsos selvagens e um abandono dos escrúpulos, mas em nome de valores superiores, com competência profissional e tendo constantemente em vista a tarefa a ser realizada.[7]

Essa violência foi cometida, permitam-me acrescentar, em meio ao silêncio ensurdecedor de pessoas que particularmente se consideravam criaturas éticas e decentes, mas que não viam razão para que as vítimas da violência, que há muito tempo já não eram consideradas membros da família *humana*, devessem ser alvos de sua empatia e compaixão *moral*. Parafraseando Gregory Bateson, quando a perda da comunidade moral se combina com a tecnologia avançada para lidar com qualquer coisa que seja vista como um problema incômodo, "a chance de sobrevivência dela será a mesma de uma bola de neve no inferno". Uma vez acopladas à indiferença moral, as soluções racionais para os problemas humanos formam uma mistura explosiva.

Muitos seres humanos podem perecer na explosão, mas a vítima principal é a humanidade dos que escapam da perdição.

A imaginação é notoriamente seletiva. E sua seletividade é guiada pela experiência, em particular pelos descontentes por ela criados.

Cada tipo de ambiente social produz suas próprias visões dos perigos que ameaçam sua identidade, visões feitas sob medida para o tipo de ordem social que ele busca atingir ou manter. Se a autodefinição, ao mesmo tempo descritiva e hipotética, pode ser imaginada como uma réplica fotográfica do ambiente, as visões de ameaças tendem a ser os negativos dessas fotografias. Ou, colocando em termos psicanalíticos, as ameaças são projeções das próprias ambivalências internas de uma sociedade, e das ansiedades nascidas dessa ambivalência, sobre seus próprios recursos, sobre a forma como essa sociedade vive e pretende viver.

Uma sociedade incerta acerca da sobrevivência de seu modo de ser desenvolve uma mentalidade de fortaleza sitiada. Os inimigos que cercam suas muralhas são seus próprios "demônios interiores": os medos reprimidos e ambientes que permeiam a vida diária, a "normalidade", mas que, para tornar suportável a realidade diária, devem ser esmagados e empurrados para fora da cotidianidade vivida e fundidos a um corpo estranho – um inimigo tangível dotado de um nome, um inimigo que se possa enfrentar, e enfrentar novamente, e até esperar vencer.

Tais tendências são ubíquas e constantes, e não uma especificidade da atual sociedade líquido-moderna de consumidores.

A novidade, porém, irá se tornar evidente quando recordarmos que o perigo que assombrava o Estado moderno "clássico", construtor da ordem e obcecado por ela, que governava a sociedade de produtores e soldados, era a *revolução*. Os inimigos eram os revolucionários, ou melhor, os "reformistas de cabeça quente, volúveis, radicais", as forças subversivas que tentavam substituir a ordem existente, administrada pelo Estado, por uma outra, também administrada pelo Estado, uma contra-ordem capaz de reverter todo e cada princípio pelo qual a ordem atual vivia ou pretendia viver. Assim como a autoimagem de uma sociedade ordenada, funcionando de maneira adequada, mudou desde aqueles tempos, também a imagem da ameaça adquiriu novos contornos.

O que se registrou nas últimas décadas como criminalidade crescente (um processo que, observemos, pareceu correr em paralelo à queda no número de membros dos partidos comunistas ou de outros partidos radicais, "subversivos", da "ordem alternativa") não é um produto de disfunção ou negligência, mas um produto próprio da sociedade de consumo, legítimo em termos lógicos (se não legais). Mais do que isso, é também seu produto inescapável, ainda que não se qualifique desse modo segundo a autoridade de alguma comissão oficial de qualidade. Quanto maior a demanda de consumo (ou seja, quanto mais eficaz for a sedução de potenciais clientes), mais segura e próspera será a sociedade de consumo. Ao mesmo tempo, mais larga e profunda se tornará a lacuna entre os que desejam e *podem* satisfazer seus desejos (os que foram seduzidos e prosseguem agindo da maneira pela qual o estado de ser seduzido os estimula a agir) e os que foram seduzidos de forma adequada mas são *incapazes* de agir da forma como se espera que ajam. Louvada como um grande equalizador, a sedução de mercado também é um divisor singular e incomparavelmente eficaz.

Uma das características mais comentadas da sociedade de consumo é a promoção da novidade e o rebaixamento da rotina. Os mercados de consumo se superam em desmontar as rotinas existentes e se apropriar antecipadamente da implantação e fixação de outras – exceto pelo breve intervalo de tempo necessário para esvaziar os depósitos e se livrar dos implementos destinados a servi-las. Os mesmos mercados, contudo, alcançam efeito ainda mais profundo: para os membros da sociedade de consumidores treinados de maneira adequada, toda e qualquer rotina e tudo que se associe a um comportamento rotineiro (monotonia, repetição) torna-se insustentável – na verdade, intolerável. O "tédio", a ausência ou mesmo interrupção temporária do fluxo perpétuo de novidades excitantes, que atraem a atenção, transforma-se num espantalho odiado e temido pela sociedade de consumo.

Para ser eficaz, a tentação de consumir, e de consumir mais, deve ser transmitida em todas as direções e dirigida indiscriminadamente a todos que se disponham a ouvir. No entanto, o número de pessoas capazes de ouvir é maior do que o daquelas que podem reagir da maneira pretendida pela mensagem sedutora. Os que não podem agir de acordo com os desejos induzidos são apresentados todos os dias ao olhar deslumbrado daqueles que podem. O consumo excessivo, aprendem eles, é sinal de sucesso, uma autoestrada que conduz ao aplauso público e à fama. Eles também aprendem que possuir e consumir certos objetos e praticar determinados estilos de vida são a condição necessária para a felicidade. E uma vez que "estar feliz", como se estivéssemos seguindo tardiamente as premonições de Samuel Butler, transformou-se na marca da decência e na garantia do respeito humano, isso também tende a se tornar condição necessária para a dignidade e a autoestima. "Estar entediado", além de fazer a pessoa sentir-se desconfortável, está se transformando num estigma vergonhoso, testemunho de negligência ou derrota que pode levar a um estado de depressão aguda, assim como à agressividade sócio e psicopática. Citando uma recente observação de Richard Sennett, "a respeito do comportamento antissocial, penso que este é um problema verdadeiro para as pessoas pobres ...", em particular, talvez, para "os adolescentes pobres que se encontram na zona cinzenta entre onde poderiam se tornar criminosos ou não". "O ponto de virada" tem muito a ver "com coisas como tédio, ter alguma coisa para fazer, ter algo a que se pertença ...".[8]

Se o privilégio de "nunca estar entediado" é a medida de uma vida de sucesso, de felicidade e mesmo de decência humana, e se a intensa atividade de consumo é a rota principal, a estrada régia que conduz à vitória sobre o tédio, então tirou-se a tampa dos desejos humanos; nenhum volume de aquisições satisfatórias e sensações atraentes pode trazer satisfação da maneira um dia prometida por "manter-se de acordo com os padrões". Agora não existem padrões com os quais se manter de acordo – ou melhor, não há padrões que, uma vez alcançados, possam endossar de modo imperativo o direito à aceitação e ao respeito, assim como garantir sua longa duração. A linha de chegada se move junto com o corredor, os objetivos permanecem para sempre um passo ou dois à frente. O recordes são continuamente quebrados e parece não haver fim para o que um ser humano pode desejar. A "aceitação" (cuja ausência, recordemos, Pierre Bourdieu definiu como o pior de todos os tipos conhecidos de privação) é cada vez mais difícil de ser atingida e ainda mais, se não impossível, de ser percebida como permanente e segura.

Na ausência de autoridades inabaláveis, as pessoas tendem a buscar orientação nos exemplos pessoais celebrados na atualidade. Quando o fazem, contudo, aprendem, fascinadas e desconcertadas, que nas empresas recém-privatizadas ("terceirizadas") e, portanto, "liberadas", das quais ainda podem se recordar como instituições públicas austeras, constantemente carentes de fundos, os atuais gerentes ganham salários na casa dos milhões, enquanto aqueles demitidos por inépcia de suas cadeiras gerenciais são indenizados e compensados, de novo em milhões de libras, dólares ou euros, por seu trabalho malfeito e desleixado. De toda parte, por meio de todos os canais de comunicação, a mensagem chega alto e bom som: não há preceitos, exceto arrebatar mais, nem regras, exceto o imperativo de "usar suas cartas de forma correta". Mas se vencer é o único objetivo do jogo, os que, uma rodada após a outra, não conseguem boas cartas são tentados a

Baixas colaterais do consumismo

optar por um jogo diferente, em que possam obter outros recursos, onde quer que isso seja possível.

Do ponto de vista dos proprietários de cassinos, alguns recursos – os que eles mesmos alocam ou fazem circular – são moeda corrente; todos os outros, em particular aqueles que estão além do controle deles, são proibidos. A linha divisória entre válido e inválido não parece a mesma, porém, do ponto de vista dos jogadores, especialmente dos jogadores potenciais, aspirantes, e mais ainda do ponto de vista dos aspirantes pouco dotados, cujo acesso à moeda corrente é inexistente ou limitado. Eles podem utilizar os recursos que possuem, quer sejam estes reconhecidos como legais ou declarados ilegais, ou optar por sair de vez do jogo – embora a sedução do mercado tenha tornado quase impossível contemplar essa última alternativa.

O desaparelhamento, o "desempoderamento" e a repressão dos jogadores infelizes e/ou fracassados é, portanto, um suplemento indispensável da integração mediante a sedução numa sociedade de consumidores orientada pelo mercado. Jogadores impotentes, indolentes, devem ficar fora do jogo. São o produto residual deste, um produto residual que o jogo deve continuar sedimentando para não precisar parar e chamar os liquidantes. Se a sedimentação dos resíduos viesse a parar ou se reduzisse, aos jogadores não se exporia a visão terrificante da alternativa (a única, dizem-lhes) para permanecer no jogo. Tais visões são indispensáveis para torná-los capazes e dispostos a resistir às dificuldades e tensões geradas pelas vidas vividas no jogo – e precisam ser mostradas repetidas vezes para que a consciência de como são horrorosas as penalidades por frouxidão e negligência seja a todo tempo refrescada e reforçada, e assim também a disposição dos jogadores para permanecerem no jogo.

Dada a natureza do jogo que agora se pratica, a miséria dos que ficaram de fora, antes tratada como um malogro *causado coletivamente* que precisava ser tratado e *curado por meios coletivos*, deve ser reinterpretada como prova de um pecado ou crime *individualmente* cometido. As *classes* perigosas (porque potencialmente rebeldes) são assim redefinidas como grupos de *indivíduos* perigosos (porque criminosos em potencial). As prisões agora substituem as instituições de bem-estar social, defasadas e reduzidas, e com toda a probabilidade terão de continuar se reajustando ao desempenho de sua nova função à medida que os dispositivos de bem-estar social continuarem encolhendo.

Para tornar as perspectivas ainda mais sombrias, a crescente incidência de condutas classificadas como criminosas não é obstáculo no caminho para uma sociedade consumista plenamente desenvolvida e totalmente abrangente. É, ao contrário, sua acompanhante e pré-requisito natural, talvez até indispensável. Isso por uma série de razões, mas é possível que a principal delas seja o fato de que os que ficaram fora do jogo (os consumidores falhos, cujos recursos não estão à altura de seus desejos e que, portanto, têm pouca ou nenhuma chance de ganhar se jogarem pelas regras oficiais) são as encarnações vivas dos "demônios interiores" específicos da vida de consumo. Sua guetização e criminalização, a severidade dos sofrimentos que lhes são ministrados e a crueldade geral do destino que lhes cabe são – em termos metafóricos – as principais formas de exorcizar os demônios interiores e queimá-los simbolicamente. As margens criminalizadas servem, por assim dizer, como instrumentos de saneamento: os esgotos para onde são drenados os eflúvios inevitáveis, porém venenosos, da sedução consumista, de modo que as pessoas que conseguem se manter no jogo do consumismo não precisem se preocupar com o próprio estado de saúde.

Se esse é, entretanto, o principal estímulo à atual exuberância daquilo que o grande criminologista norueguês Nils Christie chamou de "a indústria da prisão",[9] então a esperança de que o processo possa ser freado, interrompido ou revertido numa sociedade profundamente desregulamentada e privatizada, animada e dirigida pelo mercado de consumo, é – para dizer o mínimo – bastante reduzida.

O conceito de "subclasse" foi cunhado e usado pela primeira vez por Gunnar Myrdal em 1963 para assinalar os perigos da desindustrialização, que ele temia que pudesse deixar uma fração crescente da população permanentemente desempregada e não empregável – não por causa de deficiências ou falhas morais das pessoas que se viam fora do trabalho, mas pura e simplesmente pela falta de emprego para todos os que dele necessitavam, desejavam-no e eram capazes de assumi-lo.

Na visão de Myrdal, a chegada iminente daquilo que mais tarde seria chamado de "desemprego estrutural", e também de uma "subclasse", não resultaria do fracasso da ética do trabalho em inspirar os vivos, mas do fracasso da sociedade em garantir condições sob as quais se pudesse viver o tipo de vida recomendado e inspirado pela ética do trabalho.[10] A "subclasse" que estava por vir, no sentido em que Myrdal empregava essa palavra, deveria consistir nas vítimas da *exclusão* da atividade produtiva, ser um produto coletivo da lógica *econômica*, uma lógica sobre a qual as partes da população destinadas à exclusão não tinham controle e em que sua influência era pequena, se é que havia alguma.

Mas a hipótese de Myrdal não recebeu grande atenção do público e suas premonições foram quase esquecidas. Quando, muito mais tarde, em agosto de 1977, a ideia de "subclasse" foi de novo apresentada ao público, graças a uma matéria de capa da revista *Time*, foi-lhe injetado um significado expressivamente distinto: o de um "amplo grupo de pessoas que são mais recalcitrantes, mais alienadas em termos sociais e mais hostis do que qualquer pessoa havia imaginado. São os inacessíveis: a subclasse norte-americana". Uma longa lista, em contínua expansão, de categorias de todos os tipos seguia-se a essa definição. Ela incluía delinquentes juvenis, pessoas que abandonaram a escola, viciados em drogas, "mães da assistência social",* larápios, incendiários, criminosos violentos, mães solteiras, cafetões, ladrões de carros, mendigos: um inventário dos demônios interiores da sociedade bem de vida, confortável, agradável e em busca

---

* Em inglês, "*welfare mothers*": referência pejorativa a mães de dependentes químicos que recebem benefícios da previdência social. (N.T.)

da felicidade – os nomes dos medos declarados de seus membros e das cargas ocultas de suas consciências.

"Recalcitrantes", "alienados", "hostis". E, como consequência disso tudo, "*inacessíveis*". Não adianta estender-lhes a mão: ela simplesmente cairia no vazio, ou – pior ainda – seria mordida. Essas pessoas estão além da cura. E estão além da cura porque *escolheram* uma vida de doença.

Quando Ken Auletta realizou uma série de incursões exploratórias ao mundo da "subclasse" em 1981-82 – relatadas na revista *New Yorker* e mais tarde coligidas num livro muito lido e influente –, ele foi estimulado, ou ao menos assim declarou, pela ansiedade que seus concidadãos sentiam:

> Eu imaginava: quem são essas pessoas por trás do aumento da criminalidade, da assistência social e das estatísticas a respeito das drogas – e da expansão demasiadamente visível do comportamento antissocial que aflige a maioria das cidades norte-americanas? ... Logo aprendi que, entre os estudiosos da pobreza, há pouco desacordo sobre a existência de uma subclasse negra e branca bastante distinta, assim como sobre o fato de que essa subclasse em geral sente-se excluída da sociedade, rejeita valores comumente aceitos e sofre de deficiências de *comportamento* e de *renda*. Eles não tendem apenas a ser pobres; para a maioria dos norte-americanos, tal comportamento parece aberrante.[11]

Notem o vocabulário, a sintaxe e a retórica do discurso dentro do qual a imagem da subclasse foi gerada e estabelecida. O texto de Auletta talvez seja o melhor lugar para estudá-las, pois, de maneira distinta da maior parte de seus sucessores menos escrupulosos, ele teve o cuidado de não justificar a acusação de estar simplesmente "batendo na subclasse". Foi de um extremo ao outro para manifestar sua objetividade e mostrar que lamentava tanto quanto censurava os heróis negativos de sua matéria.[12]

Em primeiro lugar, observem que "aumento da criminalidade", "aumento da assistência social" e estatísticas sobre "comportamento social e drogas" são mencionados de um só fôlego

Baixas colaterais do consumismo 171

e colocados no mesmo nível antes de terem início o argumento e a narrativa. Nenhum argumento, muito menos prova, foi considerado necessário, que dirá oferecido, para explicar por que os dois fenômenos estavam na companhia um do outro e por que haviam sido classificados como exemplos do mesmo comportamento "antissocial". Não houve sequer a tentativa de afirmar de forma explícita que vender drogas e viver da assistência social são fenômenos antissociais de ordem semelhante.

Observem também que, na descrição de Auletta (e nas de seus diversos seguidores), as pessoas da subclasse rejeitam valores comuns mas *sentem-se* excluídas. Juntar-se à subclasse é uma iniciativa *ativa* e geradora de ação, um passo deliberado para assumir um dos lados da relação bilateral em que "a maioria dos norte-americanos" se encontra no outro extremo, o do receptor: o de um alvo *passivo*, vitimizado e sofredor. Não fosse pela mentalidade antissocial e pelos atos hostis da subclasse, não haveria julgamento público, da mesma forma que não haveria processo a considerar, crime a punir e negligência a reparar.

A retórica foi seguida pela prática, que forneceu suas "provas empíricas" retrospectivas e da qual se extraíram argumentos que a própria retórica não conseguira fornecer. Quanto mais numerosas e difundidas se tornaram as práticas, mais autoevidentes pareceram os diagnósticos que elas desencadearam, e menor a chance de que o subterfúgio retórico pudesse ser um dia apontado, para não dizer desmascarado e refutado.

A maior parte do material empírico de Auletta foi extraída do Wildcat Skills Training Centre, instituição estabelecida com o nobre intuito de reabilitar e devolver à sociedade indivíduos acusados de confrontar os valores apreciados pela mesma ou de se colocar além das fronteiras dela. Quem era candidato a ser admitido no centro? Ele precisava ser alguém recém-saído da prisão, um ex-viciado ainda em tratamento, uma mulher vivendo da assistência social, sem filhos com menos de seis anos de idade, ou um jovem com idade entre 17 e 20 anos que tivesse abandonado os estudos. Quem estabeleceu as regras de admissão deve ter decidido de antemão que esses "tipos", tão *distintos* a um olhar não treinado, padeciam da *mesma* espécie de problema ou *apresentavam* o mesmo tipo de problema à sociedade – e portanto necessitavam do *mesmo* tipo de tratamento, para o qual se qualificavam. Mas o que começou como decisão dos responsáveis pelas regras se transformou em realidade para os internos do Wildcat Centre: por um período considerável, foram colocados na companhia uns dos outros, sujeitos ao mesmo regime e exercitados todos os dias na aceitação de seu destino comum. Serem internos do Wildcat Centre era, enquanto isso, toda a identidade social de que precisavam e tudo o que podiam concebivelmente trabalhar para obter: mais uma vez, uma tese audaciosa se transformava numa profecia autorrealizadora graças às ações que havia desencadeado; uma vez mais, o verbo se fizera carne.

Auletta se viu várias vezes em dificuldades ao lembrar a seus leitores que a condição de "membro da subclasse" *não* era uma questão de pobreza, ou pelo menos não podia ser explicada *unicamente* por esta. Apontou que, se 25 a 29 milhões de norte-americanos viviam abaixo da linha de pobreza, "só cerca de 9 milhões não assimilavam os limites impostos pela sociedade e operavam fora destes", separados como eram "por seu comportamento 'desviante' ou antissocial".[13] A sugestão implícita era que a eliminação da *pobreza*, se é que chegava a ser concebível, não poria fim ao fenômeno da subclasse. Se alguém pode ser pobre e ainda assim "operar dentro dos limites aceitos", então a pobreza não pode ser culpada e outros fatores devem ser responsáveis pela queda para a subclasse. Esses fatores eram vistos como aflições individuais, altamente subjetivas – psicológicas e comportamentais –, encontradas com mais frequência entre os que viviam na pobreza, mas não determinadas por ela.

Permitam-me repetir: segundo essas sugestões, cair na subclasse era uma questão de escolha – uma escolha direta, no caso de um desafio aberto às normas sociais, ou indireta, derivada da desatenção às normas ou de não as obedecer com suficiente zelo. A condição de subclasse era uma opção, ainda que uma pessoa tivesse caído na subclasse simplesmente por ter deixado de fazer, ou ter tido preguiça de fazer, o que podia e era obrigada a fazer, e dela se esperava que fizesse, para evitar a queda. Escolher não fazer o necessário para atingir certos objetivos, num país de pessoas livres para escolher, é interpretado quase automaticamente, sem reconsiderações, como escolher *outra coisa* em vez disso. No caso da subclasse, a opção era pelo comportamento *antissocial*. Cair na subclasse era um *exercício de liberdade*... Numa sociedade de consumidores livres, cercear a liberdade de alguém é inadmissível; mas é igualmente inadmissível deixar de negar ou restringir a liberdade daqueles que a usariam para limitar a liberdade dos outros, mendigando, importunando ou ameaçando, estragando sua diversão, fazendo pesar suas consciências e tornando as vidas alheias desconfortáveis.

A decisão de separar o "problema da subclasse" da "questão da pobreza" matou diversos coelhos com uma só cajadada. Seu efeito mais óbvio, numa sociedade famosa por sua crença no litígio e na compensação, foi negar às pessoas classificadas como subclasse o direito de fazer acusações e de "reclamar de prejuízos" apresentando-se como vítimas (ainda que apenas "colaterais") de disfunções ou transgressões sociais. Em qualquer litígio que pudesse seguir-se à apresentação de seu argumento, o ônus da prova recairia sobre os queixosos. Eram eles que deveriam sustentar o ônus da prova – demonstrar sua boa vontade e determinação de ser "como o resto de nós". O que precisasse ser feito teria de ser executado, pelo menos de início, pelos próprios "membros da subclasse" (embora, é evidente, jamais houvesse carência de supervisores e conselheiros juridicamente treinados para orientá-los acerca de o que exatamente se esperava que fizessem). Se nada acontecesse e o espectro da subclasse se recusasse a desvanecer, a explicação era simples. Também estava claro a quem se deveria culpar. Se o restante da sociedade tinha algum motivo para reprovar a si própria, era apenas por sua determinação insuficiente para reduzir as iníquas escolhas dos "membros da subclasse" e limitar os danos que causavam. Mais polícia, mais prisões, punições cada vez mais severas, dolorosas e temidas: esta parecia a melhor maneira de reparar o erro.

Talvez ainda mais seminal tenha sido um outro efeito: a *anormalidade* da subclasse *normalizava* a presença da pobreza. A subclasse é que foi colocada do lado de fora das fronteiras da sociedade, mas ela era, como lembramos, apenas uma fração dos "oficialmente pobres". É exatamente porque a subclasse era considerada um problema de fato grande e urgente que a maior parte das pessoas vivendo na pobreza não era uma questão grande o bastante para ser enfrentada com urgência. Contra o pano de fundo da paisagem uniformemente feia e repulsiva da subclasse, os "apenas pobres" (as "pessoas decentes") se destacavam como pessoas que – de maneira distinta dos membros daquela – acabariam fazendo por si mesmas as escolhas *certas* e encontrariam seu caminho de volta aos limites aceitos pela sociedade. Assim como cair na subclasse e permanecer nela era questão de escolha, a reabilitação do estado de pobreza também era uma opção – desta vez correta. A sugestão tácita transmitida pela ideia de que a queda de uma pessoa pobre na subclasse é resultado de uma escolha é que há outra alternativa que pode conseguir o oposto e tirar os pobres de sua degradação social.

Uma regra central e amplamente incontestada, já que não escrita, de uma sociedade de consumo é que ser livre para escolher exige competência: conhecimento, habilidades e determinação para usar tal poder.

Liberdade de escolha não significa que todas as opções sejam corretas – elas podem ser boas e más, melhores e piores. A alternativa escolhida acaba sendo prova de competência ou de falta da mesma. Supõe-se que a "subclasse" da sociedade de consumidores, os "consumidores falhos", seja um agregado composto de vítimas individuais de escolhas individuais erradas, e tomadas como prova tangível da natureza pessoal das catástrofes e derrotas da vida, sempre um resultado de opções pessoais incompetentes.

Em seu influente trabalho sobre as raízes da pobreza atual, Lawrence C. Mead destacou a incompetência dos atores individuais como principal causa da persistência da pobreza em meio à abundância, e do sórdido fracasso de todas as sucessivas políticas do Estado para eliminá-la.[14] Pura e simplesmente, os pobres carecem de competência para avaliar as vantagens do trabalho seguido do consumo – fazem escolhas erradas, colocando o "não trabalho" acima do trabalho e assim se isolando das delícias dos consumidores legítimos. É por causa dessa incompetência, diz Mead, que a invocação da ética do trabalho (e, de forma indireta mas inevitável, também dos fascínios do consumismo) cai sobre ouvidos moucos e deixa de influenciar as escolhas dos pobres.

Portanto, segundo consta, a questão reside em saber se os necessitados podem ser responsáveis por si mesmos e, acima de tudo, se eles têm competência para administrar suas vidas. Quaisquer que sejam as causas externas, supraindividuais, que possam ser citadas, um mistério permanece no cerne do "não trabalho" – a *passividade* deliberada, *ativamente* escolhida, dos muito pobres, a incompetência deles para aproveitar as oportunidades que as outras pessoas, aquelas normais, como nós, abraçam de boa vontade. Vejamos o que Mead diz:

> Para explicar o não trabalho, não vejo como evitar um certo apelo à psicologia ou à cultura. Na maioria dos casos, os adultos muito pobres parecem evitar o trabalho, não por causa de sua situação econômica, mas em função daquilo em que acreditam ... A psicologia é a última fronteira na busca das causas do pouco esforço no trabalho ... Por que os pobres não aproveitam [as oportunidades] com tanta assiduidade quanto a cultura presume que farão? *Quem são eles exatamente?* ... O cerne da cultura da pobreza parece estar na incapacidade de controlar a própria vida – o que os psicólogos chamam de ineficácia.

As oportunidades estão aí; não somos todos provas ambulantes disso? Mas as chances também devem ser vistas pelo que são, ou seja, oportunidades a serem abraçadas, que alguém recusa por sua conta e risco – e isso exige competência: alguma astúcia, alguma vontade e algum esforço. Os pobres, os "consumidores fracassados", obviamente carecem desses três aspectos.

Os leitores de Mead receberão a notícia como sendo boa: *somos* pessoas decentes, responsáveis, que oferecemos oportunidades aos pobres – enquanto *eles* são irresponsáveis que, de forma indecente, recusam-se a aproveitá-las. Tal como médicos que relutam mas se dão por vencidos quando seus pacientes se recusam a cooperar com o tratamento prescrito, também chega nossa vez de abandonar os esforços para despertar os consumidores falhos de seu sono em face da teimosa relutância deles para se abrirem aos desafios, mas também às recompensas e alegrias, da vida de consumo.

Pode-se mostrar, contudo, que os "fatores psicológicos" podem agir da maneira oposta; que a incompetência dos "consumidores falhos" em se juntarem à sociedade de consumidores como membros legítimos resulta de causas bem opostas à alegada decisão de "não participação". Além de viverem na pobreza, ou pelo menos abaixo do nível de prosperidade exigido, as pessoas classificadas como "subclasse" são condenadas à exclusão social e consideradas incapazes de se afiliarem a uma sociedade que exige que seus membros participem do jogo do consumismo segundo as regras estabelecidas, justamente porque são, tal como os ricos e abastados, abertos às seduções muito bem amparadas do consumismo – embora, de forma distinta dos abastados e dos ricos, não possam de fato se dar ao luxo de serem seduzidos. Como é sugerido pelas conclusões extraídas do estudo de N.R. Shresta (citado por Russell W. Belk), "o pobre é forçado a uma situação em que tem de gastar o pouco dinheiro ou os escassos recursos que possui com objetos de consumo sem sentido, e não com suas necessidades básicas, a fim de evitar a humilhação social total e a perspectiva de ser transformado em objeto de risos e piadas".[15] Cara você perde, coroa eles ganham. Para os pobres da sociedade de consumidores, não adotar o modelo de vida consumista significa o estigma e a exclusão, enquanto abraçá-lo prenuncia mais a pobreza do que impede a chegada dela...

"Como a necessidade de serviços públicos aumentou, os eleitores norte-americanos passaram a defender a redução da assistência fornecida pelo governo, e muitos são a favor de se recorrer à família atormentada como principal fonte dessa assistência", observa Hochschild.[16] Mas eles mesmos se veem saindo da lama para cair no atoleiro.

As mesmas pressões consumistas que associam a ideia de "assistência" a um inventário de mercadorias de consumo ("suco de laranja, leite, pizza congelada e fornos de micro-ondas") priva as famílias de seus recursos e habilidades éticossociais e as desarmam em seu árduo esforço para enfrentar os novos desafios – desafios auxiliados e instigados pelos legisladores, que tentam reduzir os déficits financeiros do Estado mediante a expansão do "déficit de assistência" ("cortando verbas para mães solteiras, deficientes, doentes mentais e idosos").

Um Estado é "social" quando promove o princípio do seguro coletivo, endossado de modo comunitário, contra o infortúnio individual e suas consequências. É basicamente esse princípio – declarado, posto em operação e que se acredita estar em funcionamento – que remodela a ideia, de outra forma abstrata, de "sociedade" na experiência de uma comunidade sentida e vivida, substituindo a "ordem do egoísmo" (para empregar os termos de John Dunn), que tende a gerar uma atmosfera de desconfiança e suspeita mútuas, pela "ordem da igualdade", que inspira confiança e solidariedade. É o mesmo princípio que eleva os membros da sociedade à condição de *cidadãos*, ou seja, que os torna depositários, além de acionistas: beneficiários, mas também atores – os guardiões e vigias do sistema de "benefícios sociais", indivíduos com um interesse agudo no bem comum entendido como uma rede de instituições compartilhadas em que se pode confiar, e ter uma expectativa realista, para garantir a solidez e fidedignidade da "política de seguro coletivo" promulgada pelo Estado.

A aplicação desse princípio pode proteger, o que com frequência faz, homens e mulheres da praga da pobreza; e ainda mais importante, contudo, é que pode se tornar uma abundante *fonte de solidariedade*, capaz de reciclar a "sociedade" num bem comum, compartilhado, de propriedade comum e conjuntamente cuidado, graças à defesa que fornece contra os horrores gêmeos da *miséria* e da *indignidade* – ou seja, os horrores de ser excluído, cair ou ser empurrado para fora do veículo do progresso em rápida aceleração, ser condenado à "redundância social", sendo-lhe negado o respeito merecido pelos seres humanos, e ser designado como "dejeto humano".

O "Estado social" deveria ser, segundo sua intenção original, um arranjo destinado a servir exatamente a esses propósitos. Lorde Beveridge, a quem devemos o projeto do "Estado de bem-estar social" britânico no pós-guerra, acreditava que sua visão de um seguro abrangente e coletivamente endossado para *todo mundo* era a consequência inevitável, ou melhor, o complemento indispensável da ideia liberal de liberdade individual, assim como condição necessária da *democracia liberal*. A declaração de guerra ao medo de Franklin Delano Roosevelt se baseou no mesmo pressuposto. Era um pressuposto razoável: afinal de contas, a liberdade de escolha tende a ser acompanhada de incontáveis riscos de fracasso, e muitas pessoas vão considerar esses riscos insuportáveis, temendo que possam exceder suas capacidades pessoais de enfrentá-los. Para muitos cidadãos, a liberdade de escolha continuará sendo um espectro evasivo e um sonho infundado, a não ser que o medo da derrota seja aliviado por uma política de seguros promulgada em nome da comunidade, uma política em que possam confiar e com a qual possam contar em caso de um fracasso pessoal ou de um golpe caprichoso do destino.

Se a liberdade de escolha é garantida na teoria mas inatingível na prática, a dor da *desesperança* com certeza será superada pela ignomínia da *infelicidade* – pois a habilidade, testada todos os dias, de enfrentar os desafios da vida é a própria oficina em que a autoconfiança, o senso de dignidade humana e a autoestima dos indivíduos são formados ou fundidos. Além disso, sem seguro coletivo dificilmente haverá muito estímulo ao engajamento político – e com certeza nenhum estímulo à participação no ritual democrático das eleições, já que é provável que a salvação não virá de um Estado político que não seja, e se recuse a ser, um Estado social. Sem direitos sociais *para todos*, um número grande e provavelmente crescente de pessoas vai achar que seus direitos políticos são inúteis ou indignos de atenção. Se os direitos políticos são necessários para estabelecer os direitos *sociais*, estes são indispensáveis para manter os direitos *políticos* em funcionamento. Os dois tipos de direito precisam um do outro para que sobrevivam.

O Estado social é a derradeira encarnação moderna da ideia de comunidade: ou seja, a encarnação institucional de tal ideia em sua forma moderna de totalidade abstrata, imaginada, construída pela dependência, pelo compromisso e pela solidariedade. Os direitos sociais – direito ao respeito e à dignidade – ligam essa totalidade imaginada às realidades diárias de seus membros e fundamentam essa imaginação no terreno sólido da experiência de vida; esses direitos certificam ao mesmo tempo a veracidade e o realismo da confiança mútua *e* da confiança na rede institucional compartilhada que endossa e corrobora a solidariedade coletiva.

O sentimento de "pertença" se traduz em confiança nos benefícios da solidariedade humana e nas instituições que nascem desta e prometem servi-la e garantir sua fidedignidade. Todas essas verdades foram proclamadas no Programa Social-Democrata sueco de 2004:

> Todo mundo é frágil em algum ponto do tempo. Precisamos uns dos outros. Vivemos nossas vidas no aqui e agora, juntamente com outros, envolvidos de forma involuntária pelas mudanças que ocorrem. Seremos mais ricos se todos pudermos participar e ninguém for deixado de fora. Seremos todos mais fortes se houver segurança para todo mundo e não apenas para uns poucos.

Assim como o poder de sustentação de uma ponte não é medido pela força média de seus pilares, mas pela força de seu pilar mais fraco, e cresce junto com esta, a confiança e a engenhosidade de uma sociedade são medidas pela segurança, engenhosidade e autoconfiança de seus setores mais fracos, e cresce junto com estas. De maneira contrária ao pressuposto dos defensores da "terceira via", a justiça social e a eficiência econômica, a lealdade à tradição do Estado social e à capacidade de se modernizar com rapidez (e, o que é mais importante, com pouco ou nenhum dano à coesão e à solidariedade sociais) não estão nem precisam estar em desacordo. Pelo contrário, como a prática social-democrata dos países nórdicos demonstra e confirma, "a busca de uma sociedade socialmente mais coesa é a precondição necessária para a modernização por consentimento".[17]

Contrariando os obituários um tanto prematuros preparados pelos promotores e arautos da "terceira via", o padrão escandinavo não é hoje em dia uma relíquia do passado e de esperanças frustradas, um projeto descartado por consentimento popular por estar defasado. Os recentes triunfos de Estados sociais emergentes ou revividos na Venezuela, na Bolívia, no Brasil ou no Chile, mudando de modo gradual, mas infatigável, a paisagem política e a disposição popular na parte latina do Hemisfério Ocidental, mostram como são tópicos e vivos seus princípios fundamentais, portando todas as marcas daquele "gancho de esquerda" com o qual, como apontou Walter Benjamin, todos os golpes decisivos tendem a ser desferidos na história humana. Difícil como pode ser a percepção dessa verdade no fluxo diário das rotinas consumistas, essa é, apesar de tudo, a verdade.

Para evitar incompreensões, é necessário ficar claro que o "Estado social" na sociedade de consumidores não é projetado nem praticado como alternativa ao princípio da escolha do consumidor – assim como não era pensado nem funcionava como alternativa à "ética do trabalho" na sociedade de produtores. Os países com os princípios e as instituições de um Estado social firmemente estabelecidos também são aqueles que apresentam níveis de consumo elevados, da mesma forma que os países com os princípios e as instituições de um Estado social firmemente estabelecidos nas sociedades de produtores eram aqueles em que a indústria prosperava...

O significado do Estado social na sociedade de consumidores, tal como era na sociedade de produtores, é defender a sociedade dos "danos colaterais" que o princípio orientador da vida social iria causar se não fosse monitorado, controlado e restringido. Seu propósito é proteger a sociedade da multiplicação das fileiras de "vítimas colaterais" do consumismo: os excluídos, os proscritos, a subclasse. Sua tarefa é evitar a erosão da solidariedade humana e o desaparecimento dos sentimentos de responsabilidade ética.

Na Grã-Bretanha, a agressão neoliberal aos princípios do Estado social foi vendida à nação sob o lema de Margaret Thatcher, como se fosse retirado do manual de divulgação do mercado de consumo e citado *ipsis litteris* para parecer doce aos ouvidos de cada consumidor: "Quero um médico de minha escolha no momento em que eu desejar." Os governos conservadores subsequentes a Margaret Thatcher seguiram com fidelidade o padrão que ela estabeleceu – como no caso da "carta do cidadão" de John Major, que redefiniu os membros da comunidade nacional como clientes satisfeitos.

A consolidação da "ordem do egoísmo" neoliberal foi conduzida pela administração do "novo trabalhismo" sob o codinome de "modernização". Com a passagem dos anos, poucos dos objetos que até então haviam se evadido à comodificação conseguiram escapar ilesos ao zelo modernizador. Cada vez mais, em face da escassez de objetos ainda não afetados (ou seja, áreas da vida que ainda estão fora das fronteiras do mercado de consumo), os ambientes "modernizados" de ontem se tornam objetos de novas rodadas de modernização, dando entrada a mais capital privado e ainda mais competição. Em vez de ser concebida como uma operação a ser feita de uma tacada só, a "modernização" se tornou condição permanente das instituições sociais e políticas, erodindo ainda mais o valor da continuidade, juntamente com a prudência de pensar a longo prazo, e reforçando o clima de incerteza e provisoriedade, assim como o estado de "até segunda ordem" em que os mercados de bens de consumo são conhecidos por prosperar.

Esse com certeza foi o maior serviço que a atividade do governo prestou à causa da revolução neoliberal e ao domínio inconteste da "mão invisível" do mercado ("invisível" por se esquivar a todos os esforços para observar, adivinhar ou prever seus movimentos, e muito menos dirigi-los e corrigi-los; a "mão" com que sonha qualquer jogador de pôquer, esperando corretamente que ela seja imbatível). Todas as cicatrizes particulares e os sucessivos turnos de modernização tornaram a mão invisível ainda mais invisível, sempre colocando-a em maior segurança, além do alcance dos instrumentos disponíveis de intervenção política, popular e democrática.

Uma baixa colateral mais saliente de tal ação governamental foi, de maneira paradoxal (ou nem tanto assim, afinal de contas), o próprio domínio da política, um tanto enfraquecido e debilitado pela "terceirização" e "privatização" de um número crescente de funções antes dirigidas e administradas por ele, em favor de forças do mercado explicitamente não políticas. E à medida que a desregulamentação e a privatização da economia prosseguiam a toda a velocidade, que ativos de propriedade do Estado eram, um a um, liberados da supervisão política, que o imposto pessoal para necessidades coletivas permanecia congelado, empobrecendo desse modo os recursos coletivamente administrados exigidos para que tais necessidades possam ser atendidas, a fórmula cabalística "não há alternativa" (outro legado de Margaret Thatcher), que tudo explica e a tudo desculpa, transformou-se (para ser mais exato, *foi* transformada) em uma profecia autorrealizadora.

O processo tem sido profundamente estudado e sua direção bastante documentada, de modo que não há muita razão para repetir mais uma vez o que é de conhecimento público, ou que ao menos tem toda a chance de vir a ser se for prestada a atenção devida. O que foi deixado um pouco fora do foco da atenção do público, contudo, embora mereça toda a atenção que possa ser obtida, é o papel que quase toda medida de "modernização" tem desempenhado na *decomposição e fragmentação contínuas dos vínculos sociais e da coesão comunal* – justamente os ativos que poderiam possibilitar aos homens e mulheres britânicos encarar, confrontar e administrar os desafios – velhos, novos, passados e futuros – do *"pensée unique"* consumista.

Entre as muitas ideias, umas brilhantes e outras nem tanto, pelas quais Margaret Thatcher será lembrada está sua descoberta da inexistência da sociedade: "Não há algo como uma 'sociedade' ... Existem apenas indivíduos e famílias", declarou ela. Mas foi preciso muito mais esforço, dela e de seus sucessores, para transformar esse produto da fantasiosa imaginação de Thatcher numa descrição razoavelmente precisa do mundo real, tal como visto a partir de *dentro* da experiência de seus habitantes.

O triunfo do consumismo desenfreado, individual e individualizante sobre a "economia moral" e a solidariedade social, não foi uma conclusão precipitada. Uma sociedade pulverizada em indivíduos solitários e famílias (em fragmentação) não poderia ter sido construída sem que primeiro Thatcher esvaziasse por completo o local de construção. Não teria sido estabelecida sem os êxitos dela em desabilitar as associações de autodefesa daqueles que precisavam de uma defesa coletiva; em privar os desabilitados da maior parte dos recursos que poderiam usar para recuperar coletivamente a força que lhes fora negada ou que eles tinham perdido individualmente; em reduzir de modo drástico as porções do "auto" e do "governo" na prática local do autogoverno; em transformar muitas expressões de solidariedade desinteressada em crimes passíveis de punição; em "desregulamentar" o pessoal que trabalha em fábricas e escritórios, que antes eram estufas da solidariedade social, transformando-o num agregado de indivíduos mutuamente suspeitosos competindo ao estilo "cada um por si e o diabo contra todos", do *Big Brother* ou *The weakest link*, ou completando o trabalho de transformar os direitos universais de cidadãos altivos em estigmas de indolentes ou proscritos acusados de viver "à custa do contribuinte".

As inovações de Thatcher não apenas sobreviveram a anos de governos sucessivos – elas permaneceram pouco questionadas e quase intactas.

O que também sobreviveu, e emergiu reforçado, foram muitas de suas inovações na linguagem da política. Hoje em dia, assim como 20 anos atrás, o vocabulário dos políticos britânicos só conhece os indivíduos e suas famílias como sujeitos de deveres e objetos de preocupação legítima, enquanto se refere a "comunidades" principalmente como locais onde os problemas abandonados pela "grande sociedade" por ordem do governo são administrados ao estilo indústria doméstica (como no contexto dos deficientes mentais excluídos da assistência médica fornecida pelo Estado, ou da necessidade de impedir os jovens desempregados ou subempregados, pouco instruídos e sem perspectiva, aos quais se nega a dignidade, de "descambarem" para o lado da delinquência).

E com cada vez mais água correndo sob as pontes, o mundo anterior à revolução thachterista está sendo quase esquecido pelas pessoas mais velhas, sem jamais ter sido vivenciado pelos jovens. Para os que esqueceram ou nunca experimentaram a vida naquele outro mundo, de fato parece não haver alternativa ao mundo atual... ou melhor, qualquer alternativa se tornou inimaginável.

Para os aplausos de alguns observadores entusiastas das novas tendências, o vácuo deixado atrás de si por cidadãos que se retiram em massa dos campos de batalhas políticas da atualidade para reencarnarem como consumidores é preenchido por um "ativismo de consumo" aparentemente apartidário e um tanto apolítico.

O problema, porém, é que esse tipo de substituição não amplia as fileiras dos homens e mulheres "socialmente interessados", envolvidos e engajados em assuntos públicos (ou seja, portadores das qualidades que são consideradas os traços definidores dos cidadãos da pólis). A nova variedade de ativismo envolve uma parcela menor do eleitorado do que aquela que os partidos políticos ortodoxos – dos quais não mais se espera, muito menos se confia, que representem os interesses de seus eleitores, e que assim estão perdendo a simpatia do público – podem mobilizar, hoje, no calor das campanhas eleitorais. E, como adverte Frank Furedi, "o ativismo de consumo prospera numa condição de apatia e descompromisso social". Mas será que ele reage à crescente apatia política? Será que fornece algum antídoto contra a nova indiferença do público a coisas antes consideradas causas comuns e compartilhadas? Deve-se perceber, diz Furedi, que

> a crítica consumista da democracia representativa é fundamentalmente antidemocrática. Baseia-se na premissa de que indivíduos não eleitos dotados de um altíssimo propósito moral têm maior direito de agir no interesse do público do que políticos eleitos por um processo político imperfeito. Os militantes ambientalistas, cujo mandato vem de uma rede selecionada de grupos de interesses, representam um eleitorado bem mais estreito do que um político eleito. A julgar por esse registro, a resposta do ativismo de consumo ao problema genuíno da responsabilidade democrática é evitá-lo por completo em favor do lobby de grupos de interesses.[18]

"Há poucas dúvidas de que o crescimento do ativismo de consumo está ligado ao declínio das formas tradicionais de participação política e engajamento social", é o veredicto de Furedi com base em seu estudo amplamente documentado. O que se pode duvidar, contudo, é se ele traz o engajamento social sob nova forma – e uma forma que pode se mostrar tão efetiva em estabelecer os alicerces da solidariedade social quanto as "formas tradicionais" costumavam ser, apesar de todos os seus defeitos muito bem registrados.

O "ativismo de consumo" é um sintoma do crescente desencanto com a política. Citando Neil Lawson, "como não há mais nada a que se recorrer, é provável que as pessoas abandonem toda a noção de coletivismo e, portanto, qualquer senso de sociedade democrática e recorram ao mercado (e, permitam-me acrescentar, a suas próprias habilidades e atividades de consumo) como o árbitro de provisões".[19]

Até o momento as evidências são, sem dúvida, ambíguas. Um levantamento realizado no início da campanha eleitoral de 2005 sugere que, "ao contrário da percepção popular, o público britânico não é apático no que se refere à política. Essa é a conclusão de um novo relatório da Comissão Eleitoral e da Hansard Society, que revelou que 77% das pessoas sondadas pelo instituto Mori estavam interessadas em questões nacionais".[20] Logo se acrescenta, porém, que "esse alto nível de interesse básico é comparado a uma minoria de 27% que considera ter de fato algo a dizer sobre a maneira como o país é governado". A julgar pelos precedentes, alguém poderia concluir (e de forma correta, como mostraram as eleições que se seguiram à pesquisa) que o número verdadeiro de pessoas que acabarão comparecendo às urnas deverá cair para algum lugar entre esses dois números, ficando mais próximo do menor deles.

Muito mais pessoas declaram seu maior interesse por qualquer coisa que tenha sido apresentada nas manchetes dos jornais ou nos noticiários de TV. Consideram valer mais a pena do que o esforço de caminhar até a cabine eleitoral para dar seu voto a um dos partidos políticos oferecidos à sua escolha.

Além do mais, já que, numa sociedade supersaturada de informação, as manchetes servem principalmente (e de maneira efetiva!) para eliminar da memória as manchetes do dia anterior, todos os assuntos por elas reclassificados como de "interesse público" têm apenas uma pequena chance de sobreviver do dia da última pesquisa de opinião até a data das próximas eleições. O que é mais importante, as duas coisas – o interesse nos "assuntos nacionais" tal como vistos na TV ou nas primeiras páginas dos jornais e a participação no processo democrático existente – simplesmente não se solidificam nas mentes do crescente número de cidadãos transformados em consumidores na era do tempo pontilhista. A segunda, um investimento de longo prazo que exige tempo para amadurecer, não parece uma resposta relevante à primeira, outro evento de "infotenimento" sem raízes no passado nem um pé no futuro.

O site *Guardian Student* informou em 23 de março de 2004 que "3/4 (77%) dos alunos do primeiro ano universitário não se interessam em participar de protestos políticos ... e 67% deles acreditam que o protesto estudantil não é eficaz nem faz diferença alguma, segundo o Lloyds TSB/Financial Mail sobre o Painel Estudantil de Domingo". A matéria diz que Jenny Little, editor da página estudantil do *Financial Mail on Sunday*, declarou o seguinte:

> Os estudantes de hoje têm de lidar com muitas coisas – a pressão para tirar uma boa nota, a necessidade de trabalhar em tempo parcial para se sustentarem e obterem uma experiência de trabalho para garantir que seus currículos se destaquem na multidão. ... Não surpreende que a política esteja na base da pilha de prioridades para esta geração, embora, em termos reais, ela nunca tenha sido mais importante.

Num estudo dedicado ao fenômeno da apatia política, Tom DeLucca sugere que esta não constitui um tema por direito próprio, sendo "mais uma pista sobre os outros, acerca de nosso grau de liberdade, o poder que de fato temos, o que realmente nos pode ser imputado, se estamos sendo bem atendidos ... . Ela implica uma condição sob a qual alguém sofre".[21] A apatia política "é um estado mental ou destino político provocado por forças, estruturas, instituições, ou por uma manipulação da elite sobre a qual se tem pouco controle e talvez pouco conhecimento". DeLucca examina todos esses fatores em profundidade para pintar um retrato realista do que chama de "a segunda face da apatia política" – a "primeira" é, segundo vários cientistas políticos, uma expressão de satisfação com o estado de coisas ou o exercício do direito de livre escolha e, de modo mais geral (como se afirma no clássico estudo de 1954 intitulado *Voting*, de Bernard Berelson, Paul Lazarsfeld e William McPhee, mais tarde reorganizado por Samuel Huntington), um fenômeno "bom para a democracia" porque "faz a democracia de massas funcionar".

No entanto, se alguém deseja decodificar por completo as realidades sociais das quais a crescente apatia política fornece uma pista, e o que ela sinaliza, seria preciso olhar além da "segunda face", que, como Tom DeLucca afirma, tem sido ela própria indevidamente negligenciada, ou apenas delineada de modo superficial, pelos intelectuais que fazem parte da corrente principal da ciência política. Seria preciso recordar o significado inicial de "democracia" que no passado fez dela um grito de batalha das mesmíssimas "massas despossuídas e sofredoras" que hoje se afastam do exercício de direitos eleitorais obtidos com dificuldade. São, em primeiro lugar, consumidores. Apenas num longínquo segundo plano são cidadãos (se é que chegam a ser). Tornar-se consumidor exige um nível de vigilância e esforço constantes que dificilmente deixa tempo para as atividades que tornar-se cidadão demanda.

Filip Remunda e Vit Klusák, alunos da escola de cinema de Praga, financiados pelo Ministério da Cultura de seu país, recentemente produziram e dirigiram *Sonho tcheco*, um filme como nenhum outro: um experimento social em larga escala, mais do que um mero documentário, e um exercício para retratar a realidade social que consegue expor a ficção oculta por trás dos *reality shows*.

Remunda e Klusák anunciaram, numa intensa campanha publicitária de âmbito nacional, a inauguração de um novo supermercado. A campanha em si, planejada e conduzida por uma empresa de relações públicas, foi uma obra-prima da arte do marketing. Começou espalhando rumores sobre um segredo supostamente bem guardado: um misterioso e extraordinário templo do consumismo, em fase de construção num lugar não revelado, logo estaria à disposição dos clientes. Em estágios posteriores, a campanha deliberadamente perturbou e desorganizou com sucesso as rotinas dos espectadores, incitando-os a refletir sobre suas práticas diárias de compra, habituais e monótonas, e assim convertendo essas atividades até então irrefletidas e comuns em assuntos para se pensar. Isso foi feito provocando-se os "alvos" da campanha publicitária a parar e ponderar, e insinuando por meio de slogans como "pare de gastar seu dinheiro!" ou "não compre" porque o momento de *adiar* (que extravagância!) sua satisfação havia chegado. E depois, aumentando de modo gradual a curiosidade e a excitação ao passar informações cada vez mais apetitosas sobre as delícias à espera daqueles que concordassem em adiar a satisfação de seus desejos até que o misterioso e novíssimo supermercado fosse inaugurado. O próprio supermercado, a companhia por trás dele juntamente com sua logomarca, assim como as maravilhas que ele ofereceria, eram apenas invenções dos cineastas. Mas a excitação e o desejo que provocaram foram bem reais.

Na manhã e no lugar marcados, finalmente revelados por centenas de cartazes espalhados pela cidade, milhares de consumidores se reuniram, prontos para as compras, só para dar de cara com um longo descampado abandonado, com a grama por cortar, tendo os contornos de um prédio colorido e enfeitado na outra extremidade. Com cada um dos milhares de ávidos consumidores desesperados para chegar ao portão antes dos outros, a multidão correu pela névoa, ofegante – onde encontraram uma fachada pintada, sustentada por um enorme andaime, obviamente montada *ad hoc*, e que ocultava nada mais do que outro trecho de grama também não cortada, malcuidada e desgrenhada...

Como num lampejo da visão de um profeta, Günther Anders observou exatamente meio século atrás:

> Parece correto dizer que nada nos define melhor, como seres humanos do presente, do que nossa incapacidade de permanecer mentalmente "atualizado" no que se refere ao progresso de nossos produtos, ou seja, controlar o ritmo de nossa própria criação e reaver no futuro (que chamamos de nosso "presente") os instrumentos que tomaram conta de nós. ... Não é totalmente impossível que nós, que fabricamos esses produtos, esteja-

mos a ponto de criar um mundo cuja velocidade não possamos acompanhar e que vai exceder por completo nosso poder de "compreensão", nossa imaginação e nossa resistência emocional, assim como estará além da capacidade de nossa responsabilidade.[22]

· Notas ·

Introdução (p.7-35)

A epígrafe é de Pierre Bourdieu, *Pascalian meditations*, Polity Press, Cambridge, p.242.

1. Ver Sean Dodson, "Show and tell online", *Technology Guardian*, 2 de março de 2006.

2. Ver Paul Lewis, "Teenage networking websites face anti-paedophile investigation", *Guardian*, 3 de julho de 2006.

3. Eugène Enriquez, "L'idéal type de l'individu hypermoderne: l'individu pervers?", in Nicole Aubert (org.), *L'individu hypermoderne*, Erès, 2004, p.49.

4. Ver Nick Booth, "Press 1 if you're poor, 2 if you're loaded...", *Guardian*, 2 de março de 2006.

5. Ver Alan Travis, "Immigration shake-up will bar most unskilled workers from outside EU", *Guardian*, 8 de março de 2006.

6. Numa entrevista publicada pelo *Le Monde*, 28 de abril de 2006.

7. Kracauer, *Die Angestellen*, ensaios apresentados em série pela primeira vez no *Frankfurter Allgemeine Zeitung* em 1929, e depois publicados na forma de livro pela Suhrkamp em 1930.

8. Germaine Greer, *The Future of Feminism*, Dr. J. Tans Lecture, Studium Generale Universiteit Maastricht, 2004, p.13.

9. Ver Edmund L. Andrews, "Vague law and hard lobbying add up to billions for big oil", *New York Times*, 27 de março de 2006.

10. Ver Arlie Russell Hochschild, *The Time Bind: When Work Becomes Home and Home becomes Work*, Henry Holt, 1997, p.xviii-xix.

11. Don Slater, *Consumer Culture and Modernity*, Polity, 1997, p.33.

12. Georg Simmel, "Die Grosstädte und das Geistesleben" (1902-3), aqui citado na tradução de Kurt H. Wolff, "Metropolis and mental life", in Richard Sennett (org.), *Classic Essays on the Culture of Cities*, Appleton-Century-Crofts, 1969, p.52.

13. Ver entrevista de Bryan Gordon, *Observer Magazine*, 21 de maio de 2006, p.20-4.

14. Ver "Why today's singles are logging on in search for love at first byte", *The Times*, 5 de janeiro de 2006.

15. Jennie Bristow, "Are we addicted to love?", em www.spiked-online.

16. Josie Appleton, "Shopping for love", em ibid.

17. Ver Johnatan Keane, "Late capitalist nights", *Soundings* (verão de 2006), p.66-75.
18. Ivan Klima, *Between Security and Insecurity*, Thames and Hudson, 1999, p.60-2.
19. Ver *Consuming Cultures, Global Perspectives*, John Brewer e Frank Trentmann (org.), Berg, 2006.

1. Consumismo *versus* consumo *(p.37-69)*

1. Ver Colin Campbell, "I shop therefore I know what I am: the metaphysical basis of modern consumerism", in Karin M. Ekström e Helene Brembeck (org.), *Elusive Consumption*, Berg, 2004, p.27ss.
2. Ver Max Weber, *Wirtschaft und Gesellschaft*, aqui citado segundo a tradução de A.R. Henderson e Talcott Parsons, *The Theory of Social and Economic Organization*, Hodge, 1947, p.110.
3. Mary Douglas, *In the Active Voice*, Routledge and Kegan Paul, 1998, p.24.
4. Ver Slater, *Consumer Culture and Modernity*, p.100.
5. Ver Stephen Bertman, *Hyperculture: The Human Cost of Speed*, Praeger, 1998.
6. Ver Michel Maffesoli, *L'instant eternal. Le retour du tragique dans les sociétés postmodernes*, La Table Ronde, 2000, p.16.
7. Ver Nicole Aubert, *Le culte de l'urgence. La société malade du temps*, Flammarion, 2003, p.187 e 193.
8. Maffesoli, *L'instant eternal*, p.56.
9. Franz Rosenzweig, *Star of Redemption*, trad. William W. Hallo, Routledge and Kegan Paul, 1971, p.226-7.
10. Ver Michael Löwy, *Fire Alarm: Reading Walter Benjamin's "On the Concept of History"*, Verso, 2005, p.102-5.
11. Ver Walter Benjamin, "Theses on the concept of history", in *Slected writings, volume 4 (1938-1940)*, trad. Edmund Jephcott e outros, Harvard University Press, 2003.
12. Ver Siegfried Kracauer, *History: the last things before the last*, Markus Wiener, 1994, p.160-1.
13. Italo Calvino, *Invisible Cities*, trad. William Weaver, Vintage, 1997, p.114.
14. Ver "Is recycling a waste of time?", *Observer Magazine*, 15 de janeiro de 2006.
15. Ver Thomas Hylland Eriksen, *Tyranny of the Moment: Fast and Slow Time in the Information Age*, Pluto Press, 2001.
16. Ver Ignacio Ramonet, *La tyrannie de la communication*, Galilée, 1999, p.184.
17. Eriksen, *Tyranny of the Moment*, p.92.
18. Ibid., p.17.
19. Ver Bill Martin, *Listening to the Future: The time of Progressive Rock 1968--1978*, Feedback, 1997, p.292.
20. Eriksen, *Tyranny of the Moment*, p.109 e 113.
21. Georg Simmel, *The Metropolis and Mental Life*, aqui citado segundo a tradução de Kurt Wolff de 1950, reproduzida em *Classic Essays on the Culture of Cities*, Richard Sennett (org.), Appleton-Century-Crofts, 1969, p.52.

Notas 193

22. Roland Munro, "Outside paradise: melancholy and the follies of modernization", *Culture and Organization*, 4 (2005), p.275-89.

23. Aqui citado segundo George Monbiot, "How the hamless wanderer in the woods became a mortal enemy", *Guardian*, 23 de janeiro de 2006.

24. Thomas Mathiesen, *Silently Silenced: essays on the Creation of Acquiescence in Modern Society*, Waterside Press, 2004, p.15.

25. Ver Zygmunt Bauman, *Individualized Society*, Polity, 2003, e *Liquid Love*, Polity, 2004. [Ed. bras.: *Amor líquido*. Rio de Janeiro, Zahar, 2005.]

26. Colette Dowling, *Cinderella Complex*, PocketBook, 1991.

27. Ver Arlie Russell Hochschild, *The Commercialization of Intimate Life*, University of California Press, 2003, p.21ss.

28. Ver Frank Mort, "Competing domains: democratic subjectsand consuming objects in Britain and the United States since 1945", in Frank Trentmann (org.), *The Making of the Consumer: Knowledge, Power and Identity in the Modern World*, Berg, 2006, p.225ss. Mort cita os relatórios *Planning for Social Change* (1986), *Consumer and Leisure Futures* (1997) e *Planning for Consumer Change* (1999), todos do Henley Centre.

2. Sociedade de consumidores *(p.70-106)*

1. Ver Frank Trentmann, "Genealogy of the consumer", in Brewer e Trentmann (org.), *Consuming Cultures, Global Perspectives*, p.23ss.

2. Ver Zygmunt Bauman, *Work, Consumerism and the New Poor*, Open University Press, 2005, Cap.1.

3. Daniel Thomas Cook, "Beyond either/or", *Journal of Consumer Culture*, 2 (2004), p.149.

4. Citado de N.R. Shrestha por Russell W. Belk, "The human consequences of consumer culture", in Karin M. Ekström e Helene Brembeck, *Elusive Consumption*, Berg, 2004, p.69.

5. Ver Günther Anders, *Die Antiquiertheit des Menschen*, vol.1: *Über die Seele im Zeitalter der zweiten industriellen Revolution*, C.H. Beck, 1956; aqui citado segundo a edição francesa publicada pela Encyclopédie des Nuisances, 2002, p.37ss.

6. Ibid., p.16.

7. In Decca Aitkenhead, "Sex now", *Guardian Weekend*, 15 de abril de 2006.

8. Citado segundo Anne Perkins, "Collective failure", *Guardian Work*, 22 de abril de 2006.

9. Daniel Thomas Cook, *The Commodification of Childhood*, Duke University Press, 2004, p.12.

10. Ver Aubert, *Le culte de l'urgence*, p.82ss.

11. Todas as citações seguintes são de *The Future of an Illusion* e *Civilization and its Discontents*, na edição de James Strachey, The Penguin Freud Library, vol.12, Penguin, 1991, p.179-341.

12. Ver Richard Rorty, "The end of Leninism and history as comic frame", in Arthur R. Melzer, Jerry Weinberger e M. Richard Zinman, *History and the idea of progress*, Cornell University Press, 1995, p.216.

13. Ver Patrick Collinson, "Study reveals financial crisis of the 18-40s", *Guardian*, 28 de março de 2006.

14. Ver Paul Krugman, "Deep in debt, and denying it", *International Herald Tribune*, 14 de fevereiro de 2006.

3. Cultura consumista *(p.107-148)*

1. Maffesoli, *L'instant eternal*, p.40-1.

2. Douglas, *In the Active Voice*, p.24.

3. Vincent de Gaulejac, "Le sujet manqué. L'individu face aux contradictions de l'hypermodernité", in Aubert (org.), *L'individu hypermoderne*, p.134.

4. Ellen Seiter, *Sold Separately: Children and Parents in Consumer Culture*, Rutgers University Press, 1993, p.3.

5. Aubert, *Le culte de l'urgence*, p.62-3.

6. Ver Alain Ehrenberg, *La fatigue d'être soi*, Odile Jacobs, 1998.

7. Aubert, *Le culte de l'urgence*, p.107-8.

8. Slater, *Consumer Culture and Modernity*, p.100.

9. Ver Leslaw Hostynski, *Wartosci w swicie konsumpcji*. Wydawnictwo Uniwersytetu Marii Curie-Sklodowskiej, 2006, p.108ss.

10. Ver Pascal Lardellier, "Rencontres sur l'internet. L'amour en révolution", in Xavier Molénat (org.), *L'individu contemporain. Regards sociologiques*, Éditions Sciences Humaines, 2006, p.229.

11. Ver Keane, "Late capitalist nights", p.66-75.

12. Eriksen, *Tyranny of the Moment*, p.2-3.

13. Ibid., p.vii.

14. Elzbieta Tarkowska, "Zygmunt Bauman o czasie i procesach temporalizacji", in *Kultura i Spoleczsenstwo*, 3 (2005), p.45-65.

15. Ver Thomas Frank, *Marché de droit divin. Capitalisme sauvage et populisme de marché*, Agone (Marselha), 2003.

16. Ver Jodi Dean, "Communicative capitalism: circulation and the foreclosure of politics", *Cultural Politics* (março de 2005), p.51-73.

17. Ver Christopher Lasch, "The age of limits", in Arthur M. Melzer, Jerry Weinberger e M. Richard Zinman (org.), *History and the Idea of Progress*, Cornell University Press, 1955, p.240.

18. Ver Kwame Anthony Appiah, *The Ethics of Identity*, Princeton University Press, 2005.

19. Joseph Brodsky, *On Grief and Reason*, Farrar, Straus and Giroux, 1995, p.107-8.

20. Andrzej Stasiuk, *Tekturowy samolot*, Wydawnictwo Czarne, 2000, p.59.

21. Slawomir Mrozek, *Male listy*, Noir sur Blanc, 2002, p.123.

22. Kracauer, *History*, p.148.

23. Ver Francis Jauréguiberry, "Hypermodernité et manipulation de soi", in Aubert (org.), *L'individu hypermoderne*, p.158ss.

Notas

4. Baixas colaterais do consumismo *(p.149-190)*

1. In George Orwell, *A Collection of Essays*, Harcourt Brace Jovanovich, 1953.

2. Ver Martin Jay, "The ambivalent virtues of mendacity", in Olli-Pekka Moisio e Juha Suoranta (orgs.), *Education and the Spirit of Time*, Sense, 2006, p.91ss.

3. Ver J. Livingstone, "Modern subjectivity and consumer culture", in S. Strasser, C. McGovern e M. Judt (orgs.), *Consuming Desires: Consumption, Culture and the Pursuit of Happiness*, Cambridge University Press, 1998, p.416. Aqui citado de Belk, "The human consequences of consumer culture", p.71.

4. Campbell, "I shop therefore I know that I am", p.41-2.

5. Ver Hochschild, *The Commercialization of Intimate Life*, p.208ss.

6. H.J. Gans (1995), *The war Against the Poor: The Underclass and Antipoverty Policy*, Basic Books, 1995, p.2.

7. A. Finkielkraut, *L'humanité perdue. Essai sur le XXe siècle*, Seuil, 1996.

8. Ver a entrevista de Richard Sennett feita por Daniel Leighton, "The cult of the new capitalism", *Renewal*, 1 (2006), p.47.

9. N. Christie, *Crime Control as Industry*, Routledge, 1993.

10. Gunnar Myrdal, *Economic Theory and Underdeveloped Countries*, Duckworth, 1957.

11. K. Auletta, *The Underclass*, Random House, 1982, p.xiii. A linguagem do debate norte-americano mais atual a respeito do fenômeno da subclasse está muito alinhada com a retórica intransigente de Edward Banfield: "O indivíduo de classe baixa vive de um momento para outro ... O impulso governa seu comportamento, seja porque ele não pode se disciplinar para sacrificar o presente em prol da satisfação futura, seja porque não tem nenhum sentido de futuro. Ele é, portanto, radicalmente imprevidente; o que não pode consumir de imediato ele considera sem valor. Seu gosto por 'ação' ganha precedência sobre qualquer outra coisa" (E. Banfield, *The Unheavenly City: The Nature and Future of our Urban Crisis*, Little, Brown, 1968, p.34-5). Observe-se que a diatribe de Banfield sobre a "subclasse" parece uma descrição muito precisa do "consumidor ideal" numa sociedade de consumidores. Nela, assim como na maioria das outras discussões, a "subclasse" serve como depósito de lixo para os demônios que assombram a alma atormentada do consumidor.

12. A pesquisa de campo de Auletta aproximou-o suficientemente dos objetos do tratamento padronizado para que ele não notasse como são empiricamente falhos os rótulos generalizados e as classificações de amplo alcance. Ao final de seu livro, que apresenta a longa história de uma *unificação*, apoiada pelo poder oficial, da subclasse, ele afirma: "A única grande lição que extraí de meu trabalho de reportagem entre a subclasse e os pobres é que as generalizações – os rótulos adesivos – são inimigas da compreensão. É perigoso generalizar a 'classe baixa' ... ou as 'vítimas' ... ou que a pobreza deve ser 'virtualmente eliminada' ... ou que o governo é 'o problema'. De uma altitude de 10 mil metros, tudo e todos parecem formigas" (Auletta, *The Underclass*, p.317).

13. Ibid., p.28.

14. L.M. Mead, *The New Politics of Poverty: The Nonworking Poor in America*, Basic Books, 1992, p.x, 12, 133, 145, 261.

15. Ver Belk, "The human consequences of consumer culture", p.69.

16. Ver Hochschild, *The Commercialization of Intimate Life*, p.213ss.

17. Ver *Sweden's New Social Democratic Model*, Compass, 2005, p.32.

18. Frank Furedi, "Consuming Democracy: activism, elitism and political apathy", em www.geser.net/furedi.html.

19. Neil Lawson, *Dare More Democracy*, Compass, © 2000, p.18.

20. Ver www.politics.co.uk (acessado em 1º de março de 2005).

21. Ver Tom DeLucca, *The Two Faces of Political Apathy*, Temple University Press, 1995.

22. Ver Anders, *Die Antiquiertheit des Menchen*, aqui citado a partir da tradução francesa, *L'obsolescence de l'homme. Sur l'âme à l'époque de la deuxième révolution industrielle*, Éditions Inrea, 2001, p.30 e 32.

· Índice remissivo ·

A

adiaforização, 119-20
Aitkenhead, Decca, 80
Althusser, Louis, 70
Anders, Günther, 77-80, 189-90
apatia política, 186-9
Appiah, Kwame Anthony, 141
ativismo de consumo, 184-6
Aubert, Nicole, 46, 89, 120-3
Auletta, Ken, 170-2

B

Bakhtin, Mikhail, 98
Banfield, Edward, 195n.11
Bateson, Gregory, 163
Baudrillard, Jean, 23-4, 140
Belk, Russell, 176
bem comum, 177-9
Benjamin, Walter, 47-8, 180
Bentham, Jeremy, 94
Berelson, Bernard, 187
Beveridge, lorde, 178
blasé, atitude, 57
Bourdieu, Pierre, 7, 116, 166
Brewer, John, 33-4
Brodsky, Joseph, 144
Butler, Samuel, 60-1, 165

C

Calvino, Italo, 54
Campbell, Colin, 38, 152-3
Carlyle, Thomas, 23
cartões de crédito, 102-4
Castells, Manuel, 137

Chiapello, Eve, 17
Christie, Nils, 168
Clarke, Charles, 11-2
Cohen, Stanley, 11-2
comodificação, 13-7, 21-2, 76, 82, 88-9, 152-3
complexo de inadequação, 121-3
comunidade de guarda-casacos, 143-4
consumidor tradicional, 63
consumidores *de jure*, 83-5
consumidores falhos, 10-13, 84-9, 126-7, 167-8, 174-6
consumismo (definido), 40-1, 110-2
continuidade, valor da, 111, 134, 181-2
Cook, Daniel Thomas,
cultura consumista (definida), 70-1

D

dano colateral, 125, 137-8, 149-52, 181
Dean, Jodi, 139
DeLucca, Tom, 187-8
descontentamento, absorção do, 65-6
desregulamentação, 15-30, 182
Douglas, Mary, 41, 109
Dowling, Colette, 67
Dunn, John, 177
Durkheim, Émile, 100, 114, 117

E

Ehrenberg, Alain, 121

Elias, Norbert, 96
Elliott, Anthon, 130-1
emergência, 124
Enriquez, Eugène, 9
enxame, 99-101
Eriksen, Thomas Hylland, 54-7, 134
esquecer, 124, 138-9
Estado (do bem-estar) social, 15-6,
    177-81
excesso, 53-4, 64-7, 111-2
exclusão, 74-5, 82, 85-6, 107-8, 168-9,
    176-8, 180-1

F
fast-food, 102
felicidade, 58-63
fetichismo da comunicação, 139-40
fetichismo da mercadoria, 23, 29-31
fetichismo da subjetividade, 22-3,
    27-31
figuras emblemáticas, 108-9
Finkielkraut, Alain, 162
Foucault, Michel, 97
Frank, Thomas, 138
Freud, Sigmund, 59, 91, 92-3, 114
Furedi, Frank, 185-6

G
Gallie, W.B., 158
Gamble, Jim, 10
Gans, Herbert J., 157
Gaulejac, Vincent de, 110
Giddens, Anthony, 31-2
Greer, Germaine, 21

H
Habermas, Jürgen, 14
Hegel, Friedrich, 94, 98
Hobbes, Thomas, 68, 92, 114, 117
Hochschild, Arlie Russell, 17, 67-8,
    153-4, 177
Hostynski, Leslaw 132
Huntington, Samuel, 187

I
identidade, 66-8, 128, 136-7, 141-4,
    146-8

J
Jauréguiberry, Francis, 147
Jay, Martin, 150-2

K
Keane, Jonathan, 25, 133
Klima, Ivan, 32-3
Kracauer, Siegfried, 13-4, 48-9, 146
Kundera, Milan, 109-10

L
Lardellier, Pascal, 132
Lasch, Christopher, 140
Lash, Scott, 137
Latour, Bruno, 23
Lawson, Neil, 185
Layard, Richard, 61
Lazarsfeld, Paul, 187
Levinas, Emmanuel, 68, 115-8
Livingstone, J., 152
Løgstrup, Knud, 115-7
Löwy, Michael, 47

M
Maffesoli, Michel, 45-6, 107-8
Martin, Bill, 56
Marx, Karl, 22, 67, 112
Maslow, Abraham, 62
materialização do amor, 153-4
Mathiesen, Thomas, 66
McPhee, William, 187
Mead, Lawrence, 174-6
melancolia, 58
Merton, Robert, 151-2
Mort, Frank, 69
Mrozek, Slawomir, 145
Munro, Roland, 58
Myrdal, Gunnar, 168-9

N
não conformismo, 121-2
novos começos, 130-2, 144-7

O
ordem do egoísmo, 177, 181
Orwell, George, 150
Oswald, Andrew, 62

P

Parsons, Talcott, 65, 127
Pascal, Blaise, 123
perfeição, 111-2
pertença, 108-9, 179
princípios do prazer e da realidade, 117-8
privatização, 15-29, 66-8, 181-2
processo civilizador, 95-7
progresso, 47, 125
Proust, Marcel, 48-9

R

Rabelais, François, 60-1
Ramonet, Ignacio, 54
rede, 137-8
regulação normativa, 115-7
relação pura, 32-3
remoção do lixo, 31-2, 44-54, 64-5, 110-12, 125-7, 146-7, 167-8, 177-8
Renan, Ernest, 96
respeito, 155-6
responsabilidade, 68-9, 118-20, 149
Ritzer, George, 72
Roosevelt, Franklin Delano, 178
Rorty, Richard, 94
Rosenzweig, Franz, 47
Rousseau, Jean-Jacques, 97

S

Sarkozy, Nicolas, 12
Schmitt, Carl, 85, 156
Seiter, Ellen, 110
Sennett, Richard, 165

Shestow, Leon, 133
Shresta, N.R., 176
Simmel, Georg, 21, 27, 57-8, 85
Slater, Dan, 19, 44, 127
soberania do consumidor, 31-2, 81, 85, 87
socialização virtual, 147-8
sociedade confessional, 9-10
sociedade de consumidores (definida), 71-2
sociedade de produtores, 72-3, 90-1; definida, 42-3
solidariedade, 181-2
Stasiuk, Andrzej, 134, 145
subclasse, 155-9, 168-76, 181, 195n.11

T

Tarkowska, Elzbieta, 135
tédio, 113, 127, 165-6
tempo pontilhista, 45-50, 109-10, 134-5, 146-7
Thatcher, Margaret, 181-4
Toffler, Alvin, 132
Trentmann, Frank, 33, 71

U

utopia privatizada, 67-8

V

valores familiars, 155-6
Veblen, Thorstein, 43

W

Weber, Max, 39-40, 126

1ª EDIÇÃO [2022] 1 reimpressão

ESTA OBRA FOI COMPOSTA POR FUTURA EM AVENIR E MINION PRO
E IMPRESSA EM OFSETE PELA GRÁFICA PAYM SOBRE PAPEL PÓLEN NATURAL
DA SUZANO S.A. PARA A EDITORA SCHWARCZ EM MAIO DE 2023

A marca FSC® é a garantia de que a madeira utilizada na fabricação do papel deste livro provém de florestas que foram gerenciadas de maneira ambientalmente correta, socialmente justa e economicamente viável, além de outras fontes de origem controlada.